JOURNAL DE VOYAGE

Italie – Égypte – Judée – Samarie – Galilée – Syrie
Taurus cilicien – Archipel grec

PAR

LÉON PAUL

PARIS
LIBRAIRIE FRANÇAISE ET ÉTRANGÈRE
25, RUE ROYALE SAINT-HONORÉ
1865

JOURNAL

DE

VOYAGE

Italie — Égypte — Judée — Samarie — Galilée — Syrie
Taurus cilicien — Archipel grec

PAR

LÉON PAUL

PARIS
LIBRAIRIE FRANÇAISE ET ÉTRANGÈRE
25, RUE ROYALE SAINT-HONORÉ
1865

A

MADAME ANDRÉ WALTHER

Faible témoignage de ma respectueuse et filiale affection.

L. P.

JOURNAL DE VOYAGE

CHAPITRE Ier.

Le départ. — En chemin de fer. — A bord du *Capitole*. — Une halte aux îles d'Hyères. — Les passagers. — L'île d'Elbe et la Corse. — Civita-Vecchia et ses habitants.

Versailles, 20, et Valence, 21 février 1864.

Nous laissons derrière nous les Ombrages aimés, les frères et les sœurs que Dieu plaça sur notre route comme pour l'orner, la maison paisible où « nous chantions gaîment à Dieu notre force, » et nous volons à toute vapeur sur Paris et Marseille.

Reverrons-nous un jour la France, Paris et les Ombrages? Dieu seul le sait; mais ce que nous croyons à n'en jamais douter, c'est que nous retrouverons là-haut tous ceux que nous avons aimés sur la terre. Qu'il nous soit donné seulement de persévérer dans la vigilance, la prière et la fidélité!

Nous restons silencieux pendant que la locomotive nous entraîne : il y a des moments dans la vie où l'âme a besoin de se retremper en s'élevant plus haut que le monde où nous habitons ; il lui faut un confident supérieur qui la réconforte ; elle trouve dans sa communion seule le remède qu'elle a cherché.

La neige tombe à gros flocons ; bientôt la machine fait entendre de sourds râlements, les rails sont invisibles, les roues tournent sans mordre, et nous voilà pris à quelques lieues de Valence par la rafale qui redouble. Quelques voyageurs s'effrayent ; quelques femmes veulent descendre, mais où aller ? Pas une maison dans les environs. Nous sommes tous, incrédules et croyants, à la merci de Dieu. Les gardes du convoi parcourent le train pour rassurer leur monde et ne réussissent qu'à demi. Dire qu'il a suffi de quelques gouttes d'eau congelée pour arrêter seize voitures lancées à toute vapeur !

Enfin les travailleurs ont déblayé la voie ; nous avançons, quoique lentement ; mais arrivés à Valence, nous apprenons que, grâce à la neige, nous ne partirons que lundi matin. Quelle perspective !

Marseille, 22 février.

Les hôtels sont pleins de voyageurs réduits au même état que nous, c'est-à-dire affamés et gelés. Les rues sont impraticables ; vraiment, nous pouvons bien dire, George et moi : « Une journée perdue ! »

Enfin, nous sommes à Marseille ! Pas de voiture !

des touristes qui s'impatientent, des hommes qui se bousculent, des femmes qui s'embrassent en se retrouvant; bref, toute la confusion d'une arrivée. Après quelques visites, nous nous embarquons; il est dix heures du soir, il vente, il neige et la danse de notre bateau prend des proportions gigantesques. Heureux ceux qui ne connaissent pas le mal de mer!

Mardi, 23 février.

Nous sommes en panne. « La mer est trop forte, » dit notre capitaine, et le mal de mer s'arrête avec le navire. L'heure du déjeuner sonne. Voici venir les cœurs forts qui ne craignent ni roulis ni tangage; ils se précipitent dans le salon qui sert de réfectoire et s'attaquent au déjeuner dont les garçons emportent les débris. J'attends à leur sortie, dans une posture tristement admirative, les estomacs sans peur et sans reproche.

D'abord un abbé à mine épanouie que suit un évêque tout aussi gai. L'abbé discute morale avec un lieutenant de vaisseau en congé. — Quel chaos! le brave prêtre a des idées confuses qu'il exprime confusément; celles d'autrui ne lui apparaissent que dans la brume. En politique, la liberté, pour lui, c'est la révolution. En religion, il prend un air imposant et une prise de tabac pour nous dire lentement et entre deux aspirations : *« Il faut faire le bien et fuir le mal.* » A quoi le lieutenant répond avec une égale éloquence : « *Il n'y a pas de doute.* »

Nous comptons à bord des Anglais plus ou moins raides, des Anglaises plus ou moins coquettes ; deux Espagnols insignifiants ; deux Allemands instruits et aimables ; des Russes très-empesés et très-graves ; quelques soldats qui vont à Rome avec la joie de Polonais partant pour la Sibérie : George et moi personnifions la France.

A huit heures du soir nous levons l'ancre, et le lendemain nous nous réveillons en pleine mer.

Mercredi, 24 février.

Voici la Corse avec ses montagnes, l'île d'Elbe et ses rochers : berceau et prison, gloire et néant, et cela à droite et à gauche. L'Ecclésiaste a raison : « Tout est vanité. » George me donne le bon exemple, il écrit son journal. C'est à vous que nous pensons, mes bien-aimés ; nos corps sont sur le bateau, mais nos cœurs sont avec vous. J'ai bien un livre entre les mains, mais ses pages ouvertes ne me parlent point. Je ne vois que du noir et du blanc sans distinguer aucune idée. J'essaye d'écrire, sans plus de succès. Enfin, j'arrête ma plume et je fais battre les cœurs anglais en leur jouant leur air national. Je rouvre mon journal pour écrire en mon honneur que je viens d'avoir un succès d'enthousiasme.

Jeudi, 25 février.

Nous ne bougeons plus. Il pleut à verse. « *C'est toujours comme ça dans les États du pape*, dit sans malice notre commandant; *je n'y puis entrer une fois sans pluie, vent ou neige.* » A six heures du matin tout le monde est en l'air. A dix heures nous prenons terre. Quel misérable pays! Des hommes en guenilles gardés par des soldats français. Leurs officiers nous conduisent à leur cercle et nous poursuivent de leurs questions sur la France, Paris, les on dit sur la question romaine et sur tant d'autres sujets, que je renonce à les mentionner. Ils nous offrent mille rafraîchissements et nous remercient à notre départ comme s'ils étaient nos obligés. Pauvres gens! Civita-Vecchia est un gros bourg de 7,000 habitants, orné d'un bagne plein de forçats, flanqué de plusieurs lotéries où des lazaroni vont risquer leur dernière piastre sans souci du lendemain. Il faudra du temps au pur Évangile pour traverser cette couche épaisse de matérialisme. « Heureusement ce qui est impossible à l'homme est possible à Dieu. »

ITALIE.

CHAPITRE II.

Naples. Le musée. — L'Église vaudoise et son pasteur. — La Vierge et le général Garibaldi. — Visite à Pompéi. — La ville morte et ses gardiens. — Ascension du Vésuve. — Prédication française à Capella-Vecchia.

Naples, vendredi, 26 février.

Il pleut toujours; mais les États de Victor-Emmanuel valent mieux que ceux du Saint-Père. Il y a de la vie, de l'entrain. Les hôtels sont tous envahis; c'est à peine si nous trouvons place dans celui de Genève. A n'écouter que le bruit des voitures, on se croirait à Paris. Le mauvais temps nous empêche d'aller à Pompéi. Nous visitons M. Appia, qui me tend la main en me disant: « Vous prêcherez dimanche pour moi. » J'accepte de grand cœur, et nous partons pour le musée. C'était vraiment beau. Il y a là des statues en bronze, en marbre, en terre cuite. Un bambin de dix ans reproduit sous nos yeux la tête d'une Vénus avec une prestesse admirable. Voici des débris de Pompéi: des pains qui sortent du four, des gâteaux dans leur casserole (Amélie n'en a pas de mieux faites), des œufs dans leur coque bien conservée, des médailles, des vases d'or, des bijoux; toute la défroque d'un peintre, y compris ses couleurs aux nuances les plus fines; de la soie, du fil. J'en passe certainement; mais je ne puis pas tout dire, et je veux, pour être plus court, ne mentionner qu'un seul tableau de la galerie des peintres; il est signé: *le Dominicain*: l'Ange et l'Enfant, deux figures idéales, pleines de relief et d'harmonie, qu'on n'oublie plus quand on les a vues. Paris est copié dans la tenue du musée et j'ajoute dépassé. J'ai vu refuser l'argent de M. Appia pour nos parapluies déposés en entrant.

Une pensée me poursuivait quand je parcourais les restes de la ville morte. Où sont maintenant les antiques possesseurs de ces trésors? Dieu seul le sait. Qu'il nous tienne en sa sainte garde!

Je viens d'assister au service italien de M. Appia. Les hommes y dominent par le nombre; les regards sont tous fixés sur le prédicateur: des mouvements de tête l'encouragent, des sourires saluent les mots de capucin, de purgatoire, d'eau bénite, de chapelets et de reliques. Durant deux heures, l'attention se soutient et l'orateur prêche simplement la justification par la foi sans les œuvres de la loi. Il nous semblait entendre comme un écho de la voix du vieux moine résonnant dans la cellule de Luther malade. Il y a des hommes du peuple, des soldats, des têtes expressives qui cherchent le salut, des âmes ardentes qui l'ont trouvé. Après le service, on se groupe autour du pasteur; on lui prend la main, quelques pauvres femmes la lui baisent avec respect, malgré l'affectueux empressement qu'il met à la retirer; on le remercie et l'on parle encore du ciel et aussi de la patrie terrestre, car les Napolitains sont très-patriotes.

J'ai vraiment joui de cette soirée. J'aime l'Italie plus que par le passé, et je me suis pris d'affection redoublée pour le roi-soldat qui renouvelle son pays civilement et politiquement par la création de lycées, d'écoles et par la liberté des cultes.

Dans une rue de Naples, de chaque côté du grand portail, sont creusées deux niches d'égale dimension; devant chacune d'elles brille une lampe identique toujours allumée; l'une abrite une madone grossière, l'autre... le général Garibaldi. On m'assura que les dévots du lieu qui n'y voient pas très-bien récitent leur chapelet le plus souvent aux pieds du libérateur de la Sicile, qui ne saurait s'en formaliser.

Samedi, 27 février.

Nous sommes à Pompéi : la mort et la vie se coudoient. Voici un petit village, très-animé, très-actif; puis à côté, la ville détruite. Des guides en uniforme militaire s'emparent de nous et, pour la somme de

2 fr., nous pilotent dans les ruines bien conservées. Temples nombreux, maisons célèbres, fontaines taries, tribunaux, boutiques, prisons : rien n'y manque, pas même des lieux de débauche, tant il est vrai que le mal a de vieilles racines. Le guide parle un mauvais français, mais il est très-complaisant. Quand il a fini sa corvée, George lui offre une gratification qu'il refuse net. « *Merci, Seigneur, ma consigne me défend de rien prendre ; vous avez payé votre droit d'entrée, cela suffit.* » George insiste, le soldat résiste et réussit à ne rien recevoir. Notez que nous étions dans un endroit écarté, personne ne pouvait le voir. Le sentiment seul du devoir l'animait. « *Seigneurs, nous dit notre homme, si vous tenez absolument à me faire du bien, j'ai quelques photographies que le gouvernement nous cède pour nos bénéfices, vous pouvez m'en acheter quelques-unes.* » Qu'on dise, après ce trait, qu'on peut encore appeler les Napolitains des âmes vénales.

Nous nous croyons très-civilisés, nous autres Français ; les Romains (à ne voir que le bien-être matériel) l'étaient plus que nous. Il est facile de démontrer, après une visite à Pompéi, que nous ne créons pas grand'chose et par conséquent que les hommes de génie sont plus rares qu'on ne le croit. Quatre cadavres pétrifiés sont sous verre, on remarque un anneau d'or au doigt de chacun des morts. Le père de famille tient une bourse de ses mains crispées et cherche à se couvrir la tête de son manteau. Qui leur eût dit de leur vivant qu'ils serviraient de pâture à la curiosité publique !

Après l'effet, nous tenons à voir la cause et nous montons à cheval. Un guide nous accompagne et trois hommes se cramponnent à la queue de nos bêtes et les suivent au galop pendant plus d'une heure, sans qu'il paraisse à leur figure qu'ils soient effrayés de cette course, ni à leur air qu'ils en ressentent quelque fatigue. Voici la lave grise qui s'étend devant nous comme une vague immense et immobile. Après une heure et demie de cheval, nous mettons pied à terre et nous tentons l'ascension. C'est très-pénible. Les guides nous tirent sur le sable qui se dérobe. George, qui se connaît en montagnes, déclare n'avoir jamais eu à surmonter fatigue comparable à la nôtre. A nos pieds un magnifique panorama se déroule voilé par intervalle par des nuages que le vent disperse. Voici le cratère fumant et crachant des jets de soufre. Je descends retenu par une corde et par deux guides, sans remarquer autre chose que de larges plaques de lave qui se détachent dès qu'on les touche, et des pierres carbonisées qui ne vous brûlent nullement les pieds, comme l'affirment plusieurs voyageurs. Bientôt nous sommes lancés à toute bride sur la route bien unie de Torre dell' Annunziata où nous reprenons le chemin de fer de Naples. Les paroles du psaume me sont alors revenues en mémoire: « *C'est l'Éternel qui fait monter les vapeurs de la terre, qui façonne les éclairs pour la pluie, qui tire le vent de ses trésors. Il regarde la terre, elle tremble; il touche les montagnes, elles fument. L'Éternel fait tout ce qui lui plaît.* »

Dimanche, 28 février.

Le pasteur Rémy vient de mourir. M. Marc Monnier me l'annonce en me faisant part de la consternation que cette mort subite cause à l'Église. Je prêche à Capella-Vecchia sur Hébreux, IX, les deux derniers versets. C'était le texte choisi par le ministre défunt pour la prédication du jour. Il m'était doux d'adresser dans ma langue quelques mots de consolation à mes frères affligés. Que Dieu daigne envoyer à Naples un fidèle porteur de la bonne nouvelle! Mes yeux se sont délicieusement reposés sur une inscription en grosses lettres d'or: *Deposito di sacre Scritture e libri religiosi*. Je l'ai retrouvée dans plusieurs autres rues et me suis arrêté devant une boutique peuplée de Bibles et de Nouveaux Testaments. Je souhaite à chacun de ceux qui les liront de pouvoir dire avec le père Quesnel: « *Quand j'ai consulté le livre de Dieu, j'ai connu que la bouche de Jésus-Christ s'était ouverte pour me parler.* »

CHAPITRE III.

La bibliothèque. — Les conférences du professeur Albarella. — Les réunions du palais Luparano. — Les orateurs de l'Église libre. — Messine et ses habitants à bord du *Dupleix*. — Les journées à bord, de Messine à Alexandrie.

Lundi, 29 février.

Il pleut à verse, nous ne partirons pas aujourd'hui. Je retourne au musée dont je veux mentionner la bibliothèque. Le gardien prend deux énormes in-folio, nous place au centre de la salle. Écoutez bien, Seigneurs. — Miséricorde ! une lecture ? Non, mais un coup très-sec produit par les deux bouquins heurtés par la main du garde et répété trente-deux fois bien comptées par l'écho. Puis il pousse un cri et le même phénomène se reproduit.

Le professeur Albarella mérite une mention, non-seulement parce qu'il est chrétien, mais parce qu'il a le don d'attirer les jeunes gens de Naples à ses leçons de philosophie. Ils viennent en foule se familiariser avec les maîtres allemands : Hegel, Kant, Leibnitz. Je ne puis que signaler le fait parce que les idées abstraites m'échappent souvent dans ma propre langue, à plus forte raison dans un idiome que je ne comprends qu'imparfaitement.

M. Crési nous fait une bonne visite. Son titre de marquis sert à merveille son évangélisation. C'est un homme de petite taille, très-barbu, très-italien et très-chrétien. Catholique de naissance, exilé sous les Bourbons, il emporte sa Bible à Genève et l'étudie à fond dans la faculté libre. Garibaldi survient et Crési rentre à Naples à sa suite pour travailler dans la moisson du maître. Nous retournons ensemble dans la cité de Calvin, nous admirons de souvenir son beau lac et ces grands chrétiens qui l'illustraient, comme Marthe et Marie rendaient célèbre l'humble bourgade de Béthanie : les Gaussen, les Berthollet, les Cellerier, les Diodati, qui nous ont devancés dans le repos.

Le soir venu, je fais de l'Alliance Évangélique ; après l'Église vaudoise personnifiée dans le fidèle M. Appia, je me rends dans la salle des conférences de l'Église libre au palais Luparano. C'est M. Jean de Sanctis qui a la parole et qui la garde durant deux heures. Quel torrent! Une avalanche de lazzi contre les prêtres, salués par les frémissements de l'auditoire. Le salut gratuit et la libre grâce de Dieu viennent ensuite au milieu d'un silence qui redouble et d'une attention qui ne faiblit pas. On n'a que faire de savoir l'italien pour comprendre M. de Sanctis. Il mime ce qu'il dit. Son regard est remarquable et l'on m'assure que personne ne connaît mieux que lui les proverbes napolitains et les anecdotes du temps présent et passé. Tout cela lui sert pour la gloire de son maître. — Vive l'Italie! Que Dieu la bénisse! Après ce premier orateur, voici le marquis de Crési : sa parole est mordante, son geste passionné. Ses auditeurs frémissent comme un cheval qui sent l'éperon. *Mon frère Jean*, dit-il, *prétendait tout à l'heure que Rome ferait comme la loi qu'elle représente : elle s'éteindrait. Savez-vous ce qui la fait vivre? c'est vous!* (Cris de non! non!) *et c'est moi!* (Dénégations nombreuses et agitation.) *Je dis : Vous! Il y a trois papes très-redoutables, quoi que vous en pensiez : un pape blanc* (portrait de Pie IX, très-sobre et très-mordant) *et un pape noir* (le général des Jésuites décrit à faire frémir). *Quant au troisième pape, le plus redoutable de tous, son siège n'est ni au Vatican, ni en France, ni à Naples, mais dans le cœur de chacun de nous. Ce pape s'appelle le péché! Je ne ferai pas son portrait, vous le connaissez trop bien, hélas! Implorons la grâce de Dieu, et si le souffle divin le balaye, les deux autres, soyez-en sûrs, crouleront d'eux-mêmes.* Toute l'assemblée se lève et s'écoule après une vigoureuse prière de de Sanctis.

Mardi, 1er mars.

L'*Hermus* nous emporte sur la mer houleuse. Quelques Anglais, un jeune couple italien fraîchement marié, deux familles françaises, George et moi, peuplons le bateau. Cinq passagers seulement, y compris le docteur et le commandant, ont osé s'asseoir à la table du soir. Je me couche prudemment et ne suis pas inquiété par le roulis. J'ai vu tendre le filet pour protéger les assiettes et les verres contre la danse du bâtiment, et cette funèbre toilette m'a pleinement rassasié. Quel bonheur d'avoir en sa possession les paroles du psaume: « *L'Éternel est celui qui te garde,* » et de partager la foi de Jérémie, « *il fait bon d'attendre en repos la délivrance de l'Éternel.* » Le lendemain nous nous réveillons à Messine.

Mercredi, 2 mars.

La civilisation de Messine n'a pas atteint celle de Naples; mais elle commence à poindre à l'horizon. La pioche du terrassier perce les rues, et les soldats y maintiennent le bon ordre sans trop d'efforts. Nous débarquons après un copieux déjeuner dont mon estomac appauvri m'a chaudement remercié; nous descendons à l'hôtel Trinacria pour y attendre l'arrivée du *Dupleix* qui doit nous mener à Alexandrie. Un *carricello* nous promène à travers la ville. Les rues sont bien pavées. Presque chaque maison porte un tableau représentant la Vierge Marie, portrait grimaçant, ignoble, crotté, enfumé, presque invisible. Des femmes sur le seuil de leur porte peignent leurs filles, les filles rendent le même service à leur mère, et ce n'est pas pour les coiffer pieusement qu'elles acceptent cette tâche. Un lazarone endormi au soleil reçoit le même office d'un jeune garçon très-affairé. Le jeu de loto rencontre ici de nombreux amateurs. Les numéros heureux sont affichés derrière la grille du tribunal. Les rues voisines du port sont sillonnées de tables; autour d'elles, les ignorants du lieu viennent dicter à l'écrivain de leur choix la lettre à envoyer, l'acte de vente ou d'achat, le secret de leur cœur enfin.

Notre voiturier nous conduit à un jardinet décoré du nom de villa princière. Les murs de clôture sont peints. A droite la tombe de Napoléon surmontée d'un saule pleureur gigantesque, à gauche son portrait, reconnaissable à sa capote grise. Le maître du logis, pour avoir sa piécette, nous offre des oranges et des fleurs et croit devoir accompagner le tout d'un petit compliment dont notre libéralité doit faire les frais.

Le soir nous dînons au milieu de gens qui certainement ne sont pas Siciliens. Le maître d'hôtel est Allemand. Ses convives sont Français. Je soupçonne quelques-uns d'entre eux d'être Parisiens. L'oreille est délicieusement chatouillée quand l'accent du pays vous transporte au milieu des vôtres et vous les fait revoir comme s'ils étaient là.

Les feux du *Dupleix* ont brillé; tous nous nous rendons à bord. Nous retrouvons nos amis MM. de Pressensé et William Monod. Nous recevons des lettres de France. Quel bonheur! Jamais mon maître d'école ne m'était apparu sous un si beau jour. Et la photographie, quelle admirable chose! Celui qui a dit: *loin des yeux, loin du cœur*, est un menteur ou un égoïste.

Nous sommes environnés d'Arabes qui font le pèlerinage de la Mecque. Ils sont en plein Rhamazan. Ils ne peuvent manger qu'à six heures du soir; mais leur repas dure jusqu'à minuit (s'ils le veulent). Les premiers rayons du soleil les invitent à la prière, puis viennent les ablutions. Ils se lavent avec la même eau, les mains d'abord, puis les pieds, puis la bouche. Ce simple détail suffit pour donner une idée de leur propreté.

Jeudi, 3, vendredi, 4, et samedi, 5 mars.

Soleil éblouissant, mer radieuse; de temps à autre quelques voiles blanches surgissent à l'horizon. Un Italien, musicien jusqu'au bout des ongles, chante en s'accompagnant les airs de son pays au grand plaisir de ses auditeurs. Les journées se passent à écrire, à lire, à discuter. Un jeune Français s'escrime à convertir une Anglaise qui le malmène à faire plaisir. Un Romain et un Grec se crient l'un à l'autre qu'ils sont *les chrétiens les plus anciens du monde*.

Le Romain fait vivre Charles-Quint au quatrième siècle. Le débat devient assourdissant. Je souhaite à ces deux antagonistes de mettre au service de la vérité leur ardeur passionnée. Je vais loin du bruit chercher un peu de calme et de recueillement. Quelles belles nuits que les nuits égyptiennes! Un ciel d'une limpidité sans égale, moucheté d'une myriade d'étoiles, une brise qui vous pénètre sans vous glacer. Des ombres vont et viennent sur le pont, s'entretenant dans toutes les langues. On se couche à regret; mais les lumières s'éteignent à onze heures et l'on n'entend plus à bord que le pas des matelots de garde, le ronflement de la machine et les coups cadencés et monotones du piston.

ÉGYPTE.

CHAPITRE IV.

Alexandrie et ses habitants. — L'aiguille de Cléopâtre. — La colonne de Pompée. — Le coureur. — En chemin de fer d'Alexandrie au Caire. — Le Caire, ses monuments et ses habitants. — Le Beiram. — Héliopolis. — Souvenirs bibliques. — Le sycomore et la Vierge.

Dimanche, 6 mars.

Nous voilà *désoccidentés*. A cinq heures du matin, nous assistons au plus splendide lever du soleil qui fût jamais. *Allah Kerim!* comme disent nos Arabes. Dieu est généreux! Comme il a richement doté l'air que nous respirons. Il ne fait pas froid, mais la chaleur est supportable. Nous piétinons à travers les encombrements de l'arrivée, esquivant un âne par-ci, un portefaix par-là, un chameau de celui-ci, une voiture de celui-là. «Donnez-moi 2 fr. et je ne visite rien,» me dit un douanier. J'accepte, parce que je n'ai rien de soumis à l'impôt. George en fait autant de son côté; nous descendons à l'hôtel d'Europe où l'on parle toutes les langues.

Je dois à la vérité de dire que notre premier mouvement n'a été ni en faveur du *narguilhé* ni en faveur du *chibouc;* mais nous avons pris de vrais ânes égyptiens qui nous ont menés, trottant serré ou galopant, suivis de leur infatigable gardien, jusqu'à la colonne de Pompée, haute de 30 mètres et de 9 mètres de circonférence d'un beau granit rouge, jusqu'à l'aiguille de Cléopâtre, obélisque de granit rose, haut de 21 mètres. C'est la reine d'Égypte, dit-on, qui l'aurait fait transporter d'Héliopolis à Alexandrie, par où s'explique le nom traditionnel du monument. Quant à la colonne de Pompée, j'ignore absolument son origine.

Nous nous sommes fourrés au retour dans le quartier le plus populeux de la ville, coudoyés, coudoyants, bousculés, bousculant à notre tour. Il y a de la vie, de l'agitation, mais tout cela sans règle ni frein.

J'ai lu dès notre arrivée le psaume XXII, et notre ami, M. de P....., nous a fait une prière répondant au cœur de tous. Nous avons remarqué le coureur qui précède les voitures pour faire garer la foule à leur approche. Il pousse un cri, toujours le même : *Reglak! Reglak!* (tes pieds!) Ses manches blanches flottent au vent comme deux ailes, et l'évangélique parole nous est revenue en mémoire : « *Voici, j'envoie mon messager devant ta face qui préparera le chemin devant toi.* » Puis nous avons assisté au coucher du soleil; les maisons se sont éclairées comme des lampes qui se rallument avant de s'éteindre, non de cette clarté que l'homme a faite, mais des splendeurs d'un crépuscule incomparable. Quelques moments après une heure et demie à peine, la nuit noire nous enveloppait et nous forçait au repos.

Lundi, 7 mars.

Nous n'avons rien vu d'extraordinaire en chemin de fer; mais le départ est assez curieux : chameaux, hommes, chevaux, mulets, Turcs, Européens, ânes, bagages, tout cela bruit et se meut dans une touchante unanimité. Entendez-vous ce roulement argentin? c'est le changeur qui le produit à l'aide d'une pile d'écus qui lui servent de castagnettes. Un gamin le contemple avec admiration; ses yeux se tournent vers moi; il sourit, montre une rangée de blanches dents, fait la bouche en cœur et... *bagchich* (une gratification). C'est le fond de la langue arabe. Quiconque sait dire : *Baychich* et *Ma-fiche* (non, il n'y en a pas) peut aller loin dans ce pays. George se démène au milieu de nos bagages avec une ardeur que je dois signaler pour ne pas être ingrat. Je prends des billets qui portent des caractères anglais, signe infaillible que « c'est du Nord que nous vient la lumière. » Les premières classes sont une nécessité; les secondes sont assez commodes, mais douteuses, à ne considérer que la propreté de leurs habitants; les troisièmes sont bourrées d'Arabes très-peuplés eux-mêmes. Nous montons en wagon pendant que la locomotive marche au milieu d'un flot pressé de Levantins, et nous filons comme en Italie... lentement. Pendant une heure, le paysage est monotone : peu ou point d'arbres; une plaine inculte, quelques grandes flaques d'eau jusqu'à *Damanhour*; alors la végétation bien nourrie repose les yeux et l'esprit. Les champs bien entretenus sont entrecoupés de mille canaux qui s'entre-croisent en tous sens. De temps à autre, nous défilons devant des villages composés d'une trentaine de huttes construites avec de la boue. Les indigènes nous regardent passer curieusement. Voici les rizières promises : elles sont en herbe; de beaux blés qui rappellent les « épis bien nourris de Pharaon, » des acacias morts de froid, et par intervalle quelques champs de coton que je prends d'abord pour des vignes. Un laboureur suit un bœuf et un chameau attelés à la même charrue. Quelques Égyptiens font leur foin. Dès notre arrivée, nous nous mettons en quête d'un hôtel. Juchés sur des ânes, nous allons un peu à l'aventure, et finalement nous sommes casés.

Le Caire, 8 mars.

Nous voici dans la ville orientale par excellence. Les Européens, pour y être nombreux, ne lui ont pas enlevé son cachet original. Ce n'est plus la maison d'Alexandrie qui n'a d'arabe que les fenêtres. Des constructions fantastiques, des maisons à toit plat avec leur terrasse ne permettent aucune illusion. Ce n'est plus l'Europe, c'est l'Afrique et l'Asie se donnant la main. L'homme s'y montre dans tous les costumes et sous toutes les nuances depuis le noir d'ébène jusqu'au blanc toujours un peu terni par l'ardeur du soleil.

Le Rhamazan vient de finir. Le canon de la citadelle nous réveille. Le vice-roi reçoit les fonctionnaires, distribue des largesses, accorde des faveurs. Nous pénétrons dans la ville pour jouir de la fête appelée Beiram. Les Turcs sont endimanchés, les chiboucs s'allument, le jeûne a pris fin. On ne voit dans la rue que des hommes se baisant sur l'épaule, mettant la main sur leur cœur et leur tête comme pour formuler leurs souhaits par le moins de mots possible. Nous nous rendons à la citadelle à pied. Je ne mentionnerai même pas le puits qui porte le nom de Joseph, uniquement parce que la tradition le veut ainsi, ni la mosquée de Mohammed-Ali qui ne me paraît remarquable que par la grandeur de ses proportions. Mais je ne puis taire l'impression que m'a fait éprouver l'immense panorama qu'on découvre du haut des remparts : la ville, le Nil, la campagne et ses verts palmiers, et plus loin, dans la mer de sable, les pyramides que la distance montre couronnées de nuages ! J'aime le brusque passage des hommes aux choses : sans les uns que seraient les autres ? Je vois un nègre à mes côtés qui me passe en revue de la tête aux pieds. Sa bouche se fend jusqu'aux oreilles au mot *Bagchich* que je viens de prononcer. Pauvre homme! je voudrais bien lui donner mieux qu'une pièce de monnaie; malheureusement je ne sais pas l'arabe, — maudite ignorance qui vous cloue la bouche juste au moment où l'on éprouve un ardent besoin de parler. Je viens de lire avec la joie d'un pauvre qui reçoit une grosse aumône: *Deposito di sacre Scritture* en grec, en arabe, en anglais et en allemand; mon cœur de Français a bondi de n'y pas reconnaître la langue maternelle. Le gardien ne sort pas de sa boutique, si tant est qu'il y soit, comme s'il n'avait pas la vie dans sa maison et la mort à sa porte, des malades dehors et le souverain remède dedans! Il faut obtenir à tout prix des hommes actifs et entreprenants qui aient soif des âmes et les décident pour Jésus-Christ. Nous comptons au Caire des coreligionnaires, presque tous Anglais ou Allemands. Dans une ruelle obscure, une école évangélique allemande est ouverte aux enfants arabes et chrétiens. J'ai bien essayé d'y pénétrer, mais je n'ai pu réussir.

Mercredi, 9 mars.

Ce matin nous chevauchons au milieu de curieux qui nous contemplent comme des Parisiens, quand un costume différent du leur frappe leurs regards.

Nous traversons un cimetière, une boucherie en plein air où l'on égorge moutons, bœufs, chèvres et agneaux, pour fêter dignement la fin du Rhamazan; cela rime, mais c'est loin d'être poétique.

La ville d'*Héliopolis* a disparu : le village de *Matariëh*, construit sur ses ruines, ne rappelle point son antique splendeur; il n'a pu lui emprunter une seule pierre; tous les débris de la vieille cité sont ensevelis sous le sol jusqu'au jour où la pioche de l'antiquaire les fera reparaître. L'obélisque qui porte son nom a seul résisté, bien que sa base et le piédestal qui la supporte soient enfoncés à plusieurs mètres de profondeur; on en conclut à l'exhaussement séculaire du sol de l'Égypte.

Nous sommes en pleins souvenirs bibliques. C'est ici que Joseph s'est marié avec Ascenath, fille du gouverneur, grand-sacrificateur d'On [1].

Nos soldats firent flotter leurs couleurs sur l'emplacement où nous sommes. Kléber, en l'an 1800, à la tête de 6,000 hommes, réussit à mettre en déroute une armée de 60,000 Turcs que l'Angleterre excitait contre nous.

Dans un des jardins de *Matariëh*, j'ai vu, de mes yeux vu, un sycomore énorme. Les Coptes qui le

---

[1]. Le mot *On* en égyptien signifie lumière, soleil, maison du soleil, ville du soleil. Héliopolis est la traduction fidèle. Ce rapprochement de noms s'est produit à la découverte d'un manuscrit funéraire hiéroglyphique; il est une preuve de l'antiquité et de l'authenticité des livres de Moïse. (Genèse, XLI, 50.)

possèdent prétendent que Joseph et Marie s'arrêtèrent sous son ombre lors de la fuite en Égypte. George grimpe dans ses branches pour voir les choses de plus haut et nous jette les noms de nombreux pèlerins gravés sur l'écorce. La tradition peut n'être pas vraie, mais l'arbre est très-vieux, cela est certain.

CHAPITRE V.

Visite aux pyramides. — Le Nil. — Les Bédouins. — Une nuit à Sakkarah. — Le Scrapeum de Memphis. — La statue de Sésostris. — Retour. — Quelques types du pays. — Un enterrement égyptien. — Les bazars de la ville. — Achat d'un chibouc. — Les âniers égyptiens. — Une école arabe. — En route pour Jaffa. — A bord du *Labourdonnais*. — La caravane catholique.

Jeudi, 10 mars.

A six heures du matin nous trottons dans le vieux Caire, remarquable par le nombre de ses petites mosquées et quelques jolies fontaines. Nous atteignons le Nil que nous traversons en bateau, bêtes et gens, et nous débarquons à Gizèh. L'eau du fleuve contient un limon de couleur brune qui lui donne diverses teintes suivant les saisons. M. Lebas, l'ingénieur qui a dressé à Paris l'obélisque de Louksor, prétend que le Nil est verdâtre au mois de juin, plus tard il tourne au rouge foncé. Ses eaux étaient jaunâtres quand nous l'avons atteint et traversé. Nous nous engageons dans des bois de palmiers dont le tronc élancé arrête les rayons du soleil à une grande hauteur et nous permet de respirer à l'aise malgré l'élévation de la température. Nous traversons quelques pauvres villages, et les pyramides nous apparaissent toujours plus imposantes à mesure que nous avançons. Enfin nous les touchons. Un énorme sphynx, en avant de la deuxième, ne nous dit pas grand'chose, et nous nous dirigeons en toute hâte du côté où l'ascension est possible.

Un groupe d'Arabes stationne au pied du monument pour aider les intrépides qui voudront en atteindre le sommet. Mes amis, soutenus, tirés et poussés par des guides, font des enjambées énormes pour passer d'une marche à l'autre. Je les attends visiblement indisposé. Je n'ai pas même la force de sourire en voyant leurs gardiens précipiter leur marche pour mettre mes compagnons hors d'haleine afin d'accroître le bagchich. Ils comptent qu'ils regarderont à leur fatigue pour apprécier le service rendu.

Quelques Bédouins, accroupis près de moi, m'excitent à les suivre. Il ne faut rien moins que la présence d'un fouet et d'un fusil pour les empêcher de m'enlever de force et me faire rejoindre mes amis. Pour me décider absolument ils me répètent avec un accent d'un inimitable comique : *Du haut de ces pyramides quarante siècles vous contemplent.*

Dans l'après-midi nous nous acheminons vers *Sakkarah !* Nous sommes sur la limite du désert. D'un côté une vaste mer de sable, de vertes campagnes fécondées par les alluvions du Nil. Comme tout est calme ! Quelle grandeur et quelle grâce à la fois ! Palmiers gigantesques, sycomores énormes dont les feuilles immobiles semblent porter un défi au soleil. Sur notre route un ossuaire nous a rappelé le cri du prophète Ézéchiel: « Ces os secs pourront-ils revivre? » Un chacal est occupé à les ronger sans que notre présence le contrarie.

Nous touchons à *Sakkarah*; le bois de palmiers qui le précède est illuminé par les reflets du soleil couchant, et les teintes rouges du ciel, mêlées à la verte couronne des arbres, leur donnent un aspect féerique que je ne puis décrire, jardin naturel incomparable, devant lequel pâlissent tous les ornements de main d'homme et les plantations royales les plus renommées. Nous ne pouvons nous rassasier de les voir et de les admirer. Pourtant il faut trouver un gîte. Nos âniers ne sont pas difficiles, ils nous conduisent dans une maison du village très-enfumée, où nous achetons le droit de coucher à l'abri de la pluie, mais non de l'air vif de la nuit. On nous étend une natte sur le sol: c'est notre lit. Nous dévorons, en devisant, quelques provisions, puis nous contemplons le ciel limpide où les étoiles scintillent sans être gênées par aucun nuage. Nous chantons quelques airs du pays interrompus par les aboiements des chiens et les hurlements des chacals. Les ânes et leurs gardiens, les poules, les chats, les hommes et les femmes, dorment pêle-mêle au-dessous de nous. Notre hôte est un beau et solide gaillard qui nous quitte avec le salut: « Que la paix soit avec vous! » Sa femme a le menton peint, comme toutes les Égyptiennes, en bleu de Prusse très-foncé. Elle a l'œil vif et la langue très-bien pendue, surtout pour dire : Bagchich ! Enfin nous nous endormons d'un sommeil troublé par des animaux qu'on ne confesse que forcément.

Vendredi, 11 mars.

Sakkarah possède aussi ses pyramides et surtout un temple de Sérapis, ce Dieu de la résurrection et de la vie, qu'on représentait le plus souvent escorté d'Esculape et tenant des étoiles en sa main. Les pyramides de Sakkarah sont au nombre de dix, elles sont généralement petites, et pour la dimension, n'approchent pas de celles de *Gizèh*. Pour les voir il faut entrer dans la mer de sable, et nous avons cheminé dans le désert une demi-heure durant. Vers l'an 1850, M. Mariette, visitant les ruines de Memphis, aperçoit dans les sables la partie supérieure d'une tête de sphinx; il déblaye et fait creuser le sol. En deux mois, une allée de sphinx, au nombre de 140, apparaît; elle est suivie d'un grand nombre de statues grecques rangées en cercle comme pour un colloque. Homère, Platon, Euripide, Eschile, Aristote, Pythagore, Lycurgue et Solon, etc., sont reconnaissables à leurs attributs ou à leurs noms gravés sur le piédestal qui les supporte. Le succès présent exalte les travailleurs, huit mois s'écoulent, et des chapelles, des tombes, des figures d'animaux sont à nu. Les fréquents éboulements rendent la tâche difficile, mais il reste encore des trésors à découvrir et M. Mariette n'a point donné sa démission. Nous avons visité les souterrains du Serapeum. — Cinq ou six Arabes nous y introduisent. La bougie de l'un d'eux, n'éclairant qu'imparfaitement les voûtes, leur donne un aspect fantastique qui ajoute à l'agrément; d'immenses sarcophages en granit renferment les squelettes des bœufs Apis et des Ibis. Le sarcophage est décoré à l'extérieur d'hiéroglyphes représentant divers oiseaux, des serpents, des bœufs et des scarabées. A la sortie de l'hypogée, Bagchich! nous nous y attendions.

Nous nous acheminons vers l'antique emplacement de Memphis, entre le village et le fleuve, et nous atteignons au bout d'une heure de marche une royale plantation de palmiers que des bûcherons émondent. Çà et là des statues mutilées ou intactes debout sur leur socle ou renversées sans que nul y prenne garde. On se croirait dans un musée en plein air. Dans la vase une figure colossale attire nos regards, c'est la statue du grand Sésostris, le Pharaon sous lequel vécut Joseph; elle mesure 18 mètres de haut. Ses traits sont nobles; le visage, incliné vers la terre n'a rien perdu de sa beauté. Nous nous prenons à désirer le colosse sur ses pieds. Un bambin de dix ans nous arrive. *Bagchich? — Pourquoi?* — *C'est le patron de la statue,* nous dit notre ânier, menteur comme un Crétois. Nous partons d'un rire homérique à la vue du patron d'une statue qui coûtera plus d'efforts à mettre en place que l'obélisque de Louksor, et nos guides nous dépassent dans notre éclatante hilarité. Nous regagnons le Caire, nous repassons le Nil et nous sommes chez nous harassés et enchantés.

Le Caire, 12 et 13 mars.

Nous parcourons les bazars de la ville et nous faisons quelques emplettes. Le chibouc est très-difficile à conquérir, même à prix d'or. D'abord on achète le bâton ordinairement en jasmin ou en cerisier, puis il faut le faire percer. Un second marchand vous vend de l'ambre ou du verre. Un troisième ajuste l'ambre ou le verre au bâton. Un quatrième vous vend le goulet, et un cinquième le tabac.

Pendant que nous sommes en tournée d'acquisition, passe le convoi d'un enfant, porté par une jeune fille et suivi par des femmes. Quelques-unes chantent et par intervalle poussent des cris suraigus et prolongés comme ceux qu'on tire d'une cruche à sifflet pleine d'eau. C'est d'un effet singulier. Les femmes du Caire sont généralement voilées : elles portent un manteau noir qui leur donne l'air de religieuses françaises, grâce au bandeau blanc qui entoure leur front. Dans les campagnes elles vont peu vêtues et figure découverte.

Les âniers sont de jeunes garçons couverts d'une mauvaise chemise de toile dont la couleur varie, serrée à la taille par une ceinture, parlant mal toutes les langues, mais vifs, intelligents, très-gais, riant d'un rire éclatant pour la moindre bagatelle. Je crois du fond de l'âme que s'ils étaient aimés et évangélisés, ils seraient vite gagnés. Donnez-leur le pain de l'esprit et soyez assurés qu'ils le mangeront.

Nous sommes en route pour Alexandrie sans cesser d'être au Caire par le souvenir, nous reprenons une à une nos journées écoulées avec les incidents dont elles ont été semées et nous arrivons à notre hôtel sans nous être aperçus de la longueur du trajet. Sans nous donner le mot, nous courons à la poste. Elle est fermée. Nous regagnons notre hôtel tristement. La ville nous semble morne, et les bazars nous fatiguent sans nous intéresser. C'est le sacrifice du désir, de la volonté propre qui coûte le plus. Nous nous couchons de très-bonne heure pour rêver des lettres de France, réconfortés avant le sommeil par la parole biblique: *Les sacrifices de Dieu sont l'esprit froissé.*

Alexandrie, 14 mars.

Nos amis sont bien heureux. Nous jetons sur leur courrier des yeux pleins de convoitise. Mais nous devons nous résigner. Il faut que je me corrige de la mauvaise habitude de jalouser la joie des autres.

Derrière une grille, dans une modeste maison de la ville, vingt enfants environ, tant garçons que filles, accroupis sur la terre balancent le haut de leur corps en apprenant ou récitant leurs leçons. Le vacarme est complet, tous parlent à haute voix, soit pour apprendre, soit pour réciter. Seul, le maître est silencieux ; c'est un homme jeune, belle figure, grand front, beau regard. Ses traits ont un air de mélancolie qui m'a frappé. Qui sait s'il ne soupire pas après quelque chose de mieux que ce qu'il enseigne ? Au-dessus de sa tête une courbache pour les élèves rétifs ; quelques versets du Coran, transcrits sur des tableaux, décorent les murailles et ne paraissent à cet endroit qu'à titre d'ornement ; à côté de l'école, je lis en lettres énormes : *Dépôt des livres saints*. J'essaye d'entrer. Personne. C'est une bonne chose que la résignation.

En mer, 15 mars.

Nous sommes en route pour Jaffa. La mer est houleuse. Le navire se balance avec une violence qui m'inquiète. Quelques passagers dans un piteux état disparaissent successivement. Je me raidis et réussis à ne pas les suivre. La caravane catholique est au grand complet. Tous ses membres ont la boutonnière ornée d'une croix en argent, retenue par un ruban bleu. Les prêtres sont peu nombreux : cinq ou six à peine. Tous ont l'air sérieux et aimable ;

ils ont peut-être soupiré longtemps avant d'entreprendre leur voyage, ils ont demandé à Dieu le privilége de voir de leurs yeux la terre qu'il avait foulée. Leur plus cher désir se réalise; j'en jouis en silence pour eux et avec eux.

Je ne puis taire la mauvaise impression que j'ai ressentie à la vue de leurs compagnons. Quelques-uns d'entre eux, très-jeunes pour la plupart, ne savent pas trop où ils vont. C'est le président qui les mène. Je n'ai pas vu l'ombre d'un sentiment pieux. Propos de cabaret, paroles quelquefois obscènes. Ils vont jusqu'à s'injurier et se battre. Ce n'était pas la peine de se mettre en route pour un semblable résultat.

Je ne veux pas être injuste: il y a dans cette troupe bruyante quelques jeunes hommes aimables, polis, bien élevés, mais il est triste d'être réduit à leur en faire un mérite. Je rends grâces à Dieu de faire partie de notre quatuor, où, sans être toujours du même avis, ce qui serait par trop monotone, nous sommes unis étroitement par la foi qui nous est commune, par le même désir: suivre les traces du Sauveur, et par le même but: faire servir à sa gloire les choses que nous aurons vues.

PALESTINE.

JUDÉE.

CHAPITRE VI.

Jaffa et ses canotiers. — Les missionnaires évangéliques. — Souvenirs bibliques. — La plaine de Saron. — Lydda. — Un accueil peu sympathique. — Ramleh et son couvent. — Course de nuit. — Opinion d'un laïque sur l'œuvre missionnaire. — Les montagnes de Judée.

Mercredi, 16, et jeudi, 17 mars.

La mer est calme, tout le monde est guéri. « Nous allions mieux hier, » dit notre commandant. Je ne suis pas de son avis. La nuit arrive et la lune resplendit sur le pont couvert de passagers. Des Arabes jouent du tambourin, chantent leurs mélodies d'une monotone tristesse et dansent pour tuer le temps en attendant que ce dernier les tue. Terre ! Terre ! Neuf heures du soir viennent de sonner. La lune éclaire les maisons de Joppe (aujourd'hui Jaffa). La ville est sur une hauteur, les navires n'y abordent pas. Des barques viennent nous prendre et nous mènent bon train. Tout à coup nos rameurs s'arrêtent :

« Avancez, avancez donc! — Non. — Pourquoi? — Nous voulons de l'argent. — Combien vous en faut-il? — Autant que vous voudrez. — Voilà dix francs, marchez! — Ce n'est pas assez. — Comment! pas assez, quel est votre tarif? — Un napoléon. — Voleurs! — Eh bien, bagchich! — Voilà cinq francs, avancez!» Nous avions été prévenus de ce détail, mais comme on nous avait engagés à user du fouet pour les faire obéir, nous avons mieux aimé leur donner de l'argent que des coups. Je confesse que ce moyen n'est guère propre à les gagner à la modération, mais nous n'userons du bâton qu'à la dernière extrémité. Nous touchons aux quais. J'imagine que rien n'est changé depuis le jour où Salomon reçut du roi de Tyr la lettre reproduite au deuxième livre des Chroniques (II, 16) : «Nous couperons les cèdres du Liban, nous les unirons en radeaux et nous les dirigerons par mer jusqu'à Jaffa, d'où tu les feras monter à Jérusalem.» C'est ici que Jonas s'embarqua pour Tarsis afin de fuir le courroux de l'Éternel (Jonas, I, 3). Tout est primitif sur la rive. On nous pousse du bas, on nous tire du haut, finalement, on nous hisse et nous sommes dans la ville à notre grand allégement.

Un représentant de la maison Spittler de Jérusalem nous attendait. Il nous mène à l'auberge à travers des rues voûtées, sombres et accidentées. Pas âme qui vive sur notre chemin, pas une lumière dans les maisons, pourtant il n'est que dix heures. Quelques chiens hurlent sur le seuil des portes. Nous trouvons l'auberge pleine de monde ; chacun cherche un peu partout un gîte pour dormir. George et moi partageons la chambre d'un jeune commerçant français, et sommes bientôt hors d'état de rien entendre et de rien voir.

M. Mezler, le représentant de la maison Spittler à Jaffa, est un missionnaire qui s'occupe de négoce et d'évangélisation tout à la fois, sans que le spirituel nuise au temporel. Il est secondé dans son œuvre par une diaconesse, dirigeant une salle de malades. Elle est à Jaffa depuis dix-huit mois, parle bien l'arabe : aimable, pieuse, enthousiaste pour le réveil, chimiste assez remarquable, elle sert à la fois d'infirmière et de médecin, sans que la fatigue ou l'éloignement des siens puisse lui mettre au cœur autre chose qu'un ardent soupir pour le ciel et pour l'éternel repos. L'œuvre missionnaire progressera, car les ouvriers sont fidèles. Quant au Seigneur, « *il nous est une retraite d'âge en âge.* »

Nous sommes en Terre-Sainte. C'est ici que l'apôtre Pierre a eu sa vision. Ses disciples ont foulé notre sol, ils ont contemplé la vaste mer, les montagnes d'Ephraïm où dorment les restes de Josué, ils ont aspiré les senteurs embaumées des roses de Saron ; ils ont compris ici que le christianisme était large au point d'embrasser le paganisme tout entier.

On montre la maison du corroyeur Simon, qui ressemble à toutes les autres. Sans la moindre hésitation, le maître du logis nous affirme que la vaste pierre qui bouche l'orifice de son puits n'est autre que la grande nappe contenant tous les animaux de la création, purs ou impurs, qui descendit du ciel sur la terre. C'est ici que la veuve Tabitha, la pourvoyeuse des pauvres, l'humble couturière qui mit son aiguille au service de Jésus-Christ, devint par sa résurrection la preuve visible de la puissance de Dieu. Les bazars, les jardins, les fontaines, me paraissent petites choses, comparées à ces grands souvenirs.

Vendredi, 18 mars, de Jaffa à Jérusalem.

Nos bagages sont sur des mules. M. Mezler sur un cheval ardent, la diaconesse sur un âne, mes amis et moi probablement sur des chevaux, bien qu'à leur allure et à leur mine on les prenne pour tout autre chose. Nous traversons la plaine de Saron, dépourvue de ses fleurs dont les parfums au printemps sont tellement violents que la ville de Joppe en est tout embaumée. Nous rencontrons sur notre route des chevaux, des chameaux, des ânes et des mulets suivis de leurs gardiens, quelques femmes qui vont emplir leur amphore à la fontaine. Enfin nous atteignons Lydda, célèbre par la guérison du paralytique Énée. Le misérable village bâti sur les ruines de l'antique cité ne renferme qu'un seul débris remarquable, c'est l'église de Saint-George, construite au douzième siècle, et renversée par Saladin. Quelques colonnes, restées debout après la tourmente, nous parlent encore de son ancienne splendeur. Nous les quittons sans trop de regrets, et comme nous sortions du village, une bande de gamins, réunis autour de quelques femmes dans un cimetière, attirés sans doute par notre costume étranger, nous entoure en criant: Bagchich Rhavajah! Bagchich Rhavajah! Ce dernier mot veut dire Seigneur ou Monsieur. Nous ne prêtons aucune attention à leurs clameurs. M. Mezler les prie, en arabe, de se retirer — on l'insulte — il poursuit alors à cheval quelques enfants pour les effrayer; une grêle de pierres tombe autour de lui. Des employés surviennent et administrent à leurs concitoyens des coups de courbache bien appliqués. Nous reprenons alors librement notre course, et sans autre aventure, nous atteignons Ramleh. — Le cheik de Lydda nous expédie un janissaire pour nous avertir que ceux qui nous ont lancé des pierres sont en prison. Il insiste pour que le pacha de Jérusalem ignore l'aventure et nous lui promettons le silence. Nous sommes reçus au couvent de Ramleh par des moines italiens qui nous donnent à dîner. Les capucins ne demandent pas d'argent, mais ils acceptent celui qu'on leur donne sans se faire nullement prier. Ils montrent la chambre où coucha Bonaparte durant le siége de Saint-Jean-d'Acre. Quelques pères de l'Église, entre autres Eusèbe et saint Jérôme, font de Ramleh l'ancienne Arimathie, mais sans donner de preuves de leur assertion. Nous disons adieu au couvent et nous nous acheminons vers Jérusalem.

La lune brille au ciel, les chiens aboient, les chacals hurlent, les moukres (gardiens de chevaux) chantent des complaintes si monotones et si tristes que le sommeil me gagne malgré l'air vif de la nuit. Je descends de cheval et je marche en compagnie de M. Mezler, qui ne parle que l'allemand et se met à me raconter son histoire.

Il a fait ses études à Bâle, c'est un missionnaire laïque, aimant Jésus-Christ et les âmes; depuis six ans il évangélise Jaffa.

Il croit que chaque homme doit travailler au salut de ses frères dans l'état où Dieu l'a placé. Les maisons de Missions deviennent d'après lui, non pas uniquement le lieu où l'on fait exclusivement de la théologie, mais une demeure où l'on unit la pratique à la théorie, où l'on forme de bons ouvriers, ayant un état manuel, des commerçants, des agriculteurs, des menuisiers, des maçons, des horlogers, des cordonniers, des forgerons, habiles autant qu'intrépides évangélistes. Sans doute l'étude biblique est à la base de cet enseignement, mais le missionnaire doit être un civilisateur matériel aussi bien qu'un guide spirituel.

Nous cheminons silencieusement jusqu'au matin. Nous avons vu le soleil se lever derrière les montagnes d'Ephraïm — la route est pierreuse; nos montures vont au pas. Rien n'est plus triste que ces oliviers et ces bruyères qui bordent le sentier. Nous précipitons notre marche à la vue de chaque monticule comme si, au détour de la route, Jérusalem allait apparaître à nos yeux avides de la voir. Arrivés au sommet, rien. Toujours le rocher grisâtre. On dirait que la montagne désolée n'a pu se consoler du départ du Maître. Quelle dévastation ! *Jérusalem, Jérusalem qui tues les prophètes et qui lapides ceux qui te sont envoyés, que de fois n'ai-je pas voulu rassembler les enfants comme une poule rassemble ses poussins sous ses ailes, et vous ne l'avez pas voulu! Voici, votre demeure va devenir déserte, car je vous dis que désormais vous ne me verrez plus jusqu'à ce que vous disiez: Béni soit celui qui vient au nom du Seigneur.*

CHAPITRE VII.

Jérusalem et la prophétie. — Les lépreux. — L'intérieur de la ville. — Reliques du passé. — L'église du Saint-Sépulcre. — Le malade et les trois croix. — L'hospice prussien.

Jérusalem, samedi, 19 mars.

Il faut toucher à ses portes pour la voir. Au sommet d'un plateau pierreux, elle apparaît, cette Jérusalem tant désirée. Nous la saluons tous dans une indicible émotion. C'est le rêve le plus cher de ma vie, suivi d'un beau réveil : enfant, je le caressais avec amour; jeune homme, il s'offrait encore à moi comme un idéal auquel je croyais devoir renoncer quoi qu'il m'en coûtât, et Dieu m'a permis de le réaliser. Que son saint nom soit béni! La ville n'est remarquable que par les souvenirs qu'elle rappelle. Nous distinguons la mosquée d'Omar et sa coupole arrondie, le dôme du Saint-Sépulcre et sa croix. Les minarets de mosquées nombreuses enlèvent à la ville sa grisâtre uniformité.

Sur le chemin des voix plaintives frappent nos oreilles : des hommes, des femmes, des enfants, tendent vers nous des bras rongés jusqu'aux os par la maladie. Quelques-uns cachent sous de grossiers bandages les ravages de leur figure et les plaies dont leurs jambes sont couvertes. Leurs vêtements, je pourrais bien dire leurs guenilles, tachés de sang et de poussière m'attirent vers eux. Je me suis fait traduire leur cri; ils disaient tous : « *Seigneurs, seigneurs, ayez pitié de nous.* » C'étaient des descendants de ces pauvres lépreux que Jésus aimait tant sur la terre.

Ah! Jérusalem, pourquoi n'as-tu pas laissé guérir les pères par la puissance miraculeuse du Christ? les fils n'auraient pas hérité de leur épouvantable maladie.

Les lépreux sont parqués dans un recoin de la ville, sombre réduit que les hommes du monde ne visitent jamais, mais où vont cependant quelques chrétiens évangéliques dont nous avons droit d'être fiers. — Leur présence, me disait un vieillard, dont notre drogman traduisait les paroles, *ressemble aux rayons du soleil durant les froides journées d'hiver*. La lèpre se perpétue dans les familles. Ces infortunés se marient entre eux et de leur union naissent des enfants d'abord pleins de vie et de fraîcheur. Ils paraissent échapper à la malédiction qui pèse sur eux, mais les années arrivent. Le jeune garçon ou la jeune fille touche à son dixième printemps. — Voyez-vous cette tache blanche sur une partie de son corps? elle s'étend, et bientôt la chair se décompose, la jeune plante se fane, languit et meurt au bout de peu de temps.

Comme nous entrions dans la ville, deux vieillards tendaient les bras vers nous et disaient avec les lépreux : « Seigneurs, ayez pitié de nous. » C'étaient des aveugles, ils sont très-nombreux en Orient. On attribue leur infirmité au rayonnement du soleil et à la rosée des nuits.

Après quelques heures de repos, nous parcourons la ville avec notre maître d'hôtel. Ce n'est plus Jérusalem la sainte; c'est Jérusalem la maudite et la dévastée. — Ruelles étroites et généralement voûtées, couloirs obscurs où l'on vient se heurter contre le premier passant venu; maisons sordides ou ruinées à demi. A peine, çà et là, deux ou trois boutiques, un peu mieux éclairées et mieux tenues, permettent-elles de ne pas tout blâmer.

Les Européens ont construit ou arrangé, près de la porte de Jaffa et dans l'intérieur de la ville, quelques habitations qui contrastent singulièrement avec ces bouges infects qu'on décore du nom de maisons.

Nous visitons successivement l'arc de l'*Ecce homo*, la Voie douloureuse, la chapelle du Saint-Sépulcre et ses divers cantonnements, la chapelle de la Vierge, la piscine de Béthesda, la demeure du mauvais riche et celle du Juif errant. — Vous souvenez-vous du passage scripturaire: « Si ceux-ci se taisent, les pierres mêmes crieront » (Luc, XIX)? J'ai vu les pierres qui auraient crié; — la colonne brisée, marquant la place où le Rédempteur tomba pour la première fois en marchant au supplice, l'endroit même où Simon de Cyrène se chargea de la croix. Le désir de matérialiser le souvenir du Sauveur m'impressionne médiocrement — la légende mêlée à l'histoire, la superstition s'unissant à la foi, la relique grossière, le miracle apocryphe étouffent dans leurs mille réseaux le miracle d'amour du Dieu fait homme. Je n'ai que faire de ces brimborions ; ce qu'il me faut, c'est la figure du Christ resplendissant d'amour pour moi, sans elle rien n'est éclairé, les merveilles des hommes pâlissent, leurs plus beaux ornements sont ternes et le cœur reste froid.

Quelle cohue dans l'église du Saint-Sépulcre ! des soldats turcs administrent des coups de courbache à des chrétiens qui se battent. Je suis entré dans ce sanctuaire avec le besoin de me recueillir. C'est ici que le sang du Sauveur a coulé. Je suis maltraité, poussé, frappé, sans aucune provocation, par des curieux qui se démènent comme des possédés. « Rendez les coups avec usure, » me crie un membre de la caravane romaine, et il joint l'exemple au précepte. Tout cela est triste, bien triste. Pourtant il y a dans l'église des âmes tendres et naïves dont le culte diffère du nôtre, mais avec lesquelles je me sens en pleine communion. Témoin ce pauvre pèlerin russe en haillons qui baise, en versant des larmes, le sépulcre où dormit le Sauveur. Je regrette tous ces cierges, toutes ces dorures dont on a couvert les débris sacrés — toutes ces verroteries de mauvais goût, tous ces oripeaux appendus aux murailles. — L'âme serait plus à l'aise si l'autel, bâti sur le Calvaire, était démoli pour laisser le roc à nu, si la croix supportant un christ de fantaisie était remplacée par une simple croix de bois sans ornement. La scène serait plus réelle et plus vraie et ne pourrait que gagner en grandeur.

Le saint sépulcre[1] me paraît authentique. L'aimable savant M. Rosen, le consul de Prusse, nous a prouvé qu'il est en dehors des murs d'enceinte de la cité détruite et rebâtie; le Calvaire et Gethsémané sont restaurés sur le terrain qu'ils occupaient autrefois. La supercherie n'a pu trouver place dans la tradition. Quand la mère de l'empereur Constantin, l'impératrice Hélène, se rendit à Jérusalem, en 325, elle fit construire une église sur le mont Calvaire. Deux fois renversée, d'abord en 614, sous Chosroës II, roi de Perse, et en 1010, sous le Néron égyptien, le kalife Hakem, elle fut relevée par des moines grecs en 1048. — En 1808, un furieux incendie la détruisit en partie et les Grecs la restaurèrent tant bien que mal. La découverte des croix n'a rien que de naturel. On enfouissait avec le supplicié l'instrument du supplice, et les parents des victimes ne pou-

---

1. Je n'entrerai pas ici dans les discussions sur l'authenticité du saint sépulcre. Les archéologues, et ils sont nombreux, ne sont pas unanimes. Pourtant ils s'accordent généralement à placer l'église actuelle en dehors des murs d'enceinte de l'ancienne Jérusalem. Je ne pourrais que reproduire ce que d'autres ont dit avant moi. Je renvoie mes lecteurs curieux d'approfondir la topographie des lieux saints aux ouvrages de Robinson, Bonar, de Saulcy, de Vogüé, Stanley, Josèphe.

vaient échapper à ce déshonneur que par munificence du gouverneur. On se souvient que Jésus, par une faveur spéciale, ne fut pas soumis à cet affront. La croix resta sur Golgotha, son corps seul fut déposé dans le sépulcre, et dès lors la découverte de l'impératrice pourrait ne pas être apocryphe sans un détail très-important. Trois croix lui sont soumises. Comment distinguer celle qui supporta les péchés du monde? On fait venir un malade, un vrai malade. Il touche la première : « *Comment vas-tu ? — Mal !* » Il porte la main sur la deuxième: « *Eh bien? — Toujours très-mal !* » Sur la troisième enfin.... « *Guéri!!! Evviva !* » Comme nous regagnions notre logis, notre guide, s'adressant à nous, nous dit d'un air qui m'a charmé: « Tout cela, Messieurs, n'est pas grand' chose, l'essentiel c'est de posséder Jésus-Christ. » Nous habitons l'hôpital prussien, ce qui ne veut pas dire que nous soyons malades.

L'hospice prussien reçoit les pèlerins évangéliques de toutes nations qui se réclament de M. Rosen, le consul de Prusse, maison paisible s'il en fut, où la Bible est lue par ceux qui nous servent. Des terrasses de notre maison nous pouvons contempler le mont des Oliviers et le chemin qui va se perdre derrière la montagne en passant par Béthanie. La terrasse est surmontée d'une haute muraille percée de mille trous, permettant aux femmes arabes qui l'habitaient autrefois de tout voir sans être remarquées.

CHAPITRE VIII.

Mont des Oliviers. — L'église anglaise. — Visite à Béthanie. — Course à Bethléem. — Le tombeau de Rachel. — L'église de la Nativité. — Les bergers et l'étoile. — Les jardins de Salomon.

Dimanche, 20 mars.

Nous avons gravi le mont des Oliviers, côtoyé Gethsémané, petite retraite au bord du Cédron qui rappelle tant d'angoisse et tant d'amour. A notre droite, la tombe d'Absalon, à gauche celle de la Vierge. Nous montons silencieux et émus la pente douce qui coûta tant d'efforts douloureux à celui qui nous racheta. Quelques vieux arbres épars, au tronc tourmenté par l'orage et les ans, dominent la colline. Je me figurais une forêt d'oliviers; il ne reste plus que quelques rejetons de son ancienne splendeur.

Nous revenons sur nos pas et nous nous rendons à la chapelle anglaise. Au moment où nous pénétrions dans son enceinte, l'assemblée debout chantait un hymne. Je n'entends pas l'anglais, et cependant je me sentais chez moi. Pendant que M. Gobat prêchait, je jouissais en silence de voir Jérusalem évangélisée; quelques enfants turcs, élevés par les diaconesses, assistaient au service et paraissaient sérieux et attentifs.

Après le déjeuner nous sommes partis pour Béthanie, le bourg de Lazare, de Marthe et de Marie. C'est une promenade qui ne dure que trente minutes, mais qui vous laisse d'ineffaçables souvenirs. On gravit un chemin pierreux qui franchit le mont des Oliviers. Quand on arrive au sommet de la colline, le tumulte de Jérusalem frappe encore vos oreilles. Bientôt la ville a disparu, la rumeur a cessé. Vous n'entendez que le son des clochettes d'un troupeau de chèvres et de brebis qui paît sous de verts figuiers. Le berger les suit en jouant d'une espèce de musette sur laquelle tous les airs sont monotones et écrits en mineur. Nous sommes dans le village, il n'y a que trente maisons chétives, ruinées, misérables, mais auprès desquelles pourtant il fait bon retremper sa foi. Je comprends maintenant la prédilection de Jésus pour Béthanie. Quand la sainte indignation l'anime; quand elle a mis un fouet de corde en sa main et dans sa bouche la redoutable parole : « Vous avez fait de la maison de mon père une caverne de voleurs; » quand les vendeurs chassés et meurtris ont quitté le temple, Jésus s'éloigne à son tour et va chercher le calme et le recueillement dans cette retraite bénie.

Le village ne possède qu'une ruine connue sous le nom de tombeau de Lazare. Il y a même à côté le château de Lazare. La tradition le veut ainsi, mais les archéologues démentent vigoureusement la tradition.

Je me représente très-bien le Christ en prière par une de ces nuits sereines comme celles dont nous jouissons sous ce ciel étoilé, dans cet air parfumé. Je le retrouve tel que saint Jean me le dépeint en son sublime chapitre XII; tel que saint Matthieu me le fait voir, XXI; tel que saint Luc le décrit. Nous quittons Béthanie avec regret, mais avec l'espoir d'y retourner encore.

Lundi, 21 mars.

Des chevaux nous attendent à la porte de Jaffa et nous conduisent pacifiquement à travers une route accidentée jusqu'au tombeau de Rachel. Les champs sont assez bien cultivés. M. H...., qui chemine à mes côtés, me force à m'arrêter au bout de vingt minutes pour contempler la place où David battit les Philistins. Nous sommes sur la plaine de Réphaïm ou des Géants[1].

Un peu plus loin le couvent grec de Mar-Elias, c'est ici qu'Élie s'est reposé quand il fuyait le courroux de Jézabel. Il va sans dire que le roc sur lequel le prophète s'est couché a gardé son empreinte. Nous mettons pied à terre au tombeau de Rachel. Les Juifs en ont acheté l'emplacement et l'ont consacré à recevoir la dépouille mortelle des leurs. Deux

---

1. Josué, XV, 3. — II Samuel, V, 18-22. — I Chroniq., XI.

caveaux remplis d'ossements humains entassés pêle-mêle frappent douloureusement mes regards. Ce sont des os de *Croisés* qui n'ont pas revu le ciel de la patrie et que Pierre l'Ermite a séduits en criant: « Dieu le veut. »

Nous approchons de Bethléem. A notre droite et à notre gauche les blés sont en herbe. C'est dans l'un d'eux que Ruth, la glaneuse, suivait les moissonneurs de Booz. Nous pénétrons dans la ville bâtie sur une hauteur.

La vue porte, d'un côté, sur le *mont des Francs* au sommet duquel subsiste encore un vieux donjon qui date des Croisades; de l'autre, les dômes et les minarets de Jérusalem et enfin bien loin les montagnes de Moab couronnées de nuages. La ville ne renferme que 3,000 habitants, remarquables par leur costume. Ils portent généralement une robe rouge. Leur principale industrie consiste dans la fabrication de croix en nacre, de chapelets, de coupes en pierre et de mille autres brimborions religieux dont les étrangers sont très-friands.

Bethléem n'a qu'un monument remarquable: l'église de la Nativité commencée par l'impératrice Hélène et terminée par son fils Constantin vers l'an 330. C'est un des édifices les plus anciens de la Palestine. Des moines latins le possèdent de moitié avec les Grecs. Les uns et les autres s'entendent assez bien pour conserver en bon état les reliques du passé. La grotte de Saint-Jérôme est du nombre. Son portrait est partout. L'Évangile fait naître Jésus dans une hôtellerie. La tradition depuis le deuxième siècle veut que ce soit dans une grotte. Je ne veux pas ressembler à ceux qui, par méthode, commencent par tout nier. Je crois qu'on ne jouit de rien avec un pareil procédé. Je sais, à n'en pas douter, que Jésus est né à Bethléem, qu'il a pris naissance dans une crèche; on m'a fait voir la place occupée par Marie, Joseph et le petit enfant et j'ai pieusement regardé sans vouloir trop approfondir la plus ou moins parfaite réalité de tous les détails.

Nous quittons le couvent après *bagchich* aux capucins et nous arrivons au lieu que les bergers occupaient quand l'étoile miraculeuse leur apparut. Dans un champ de blé de quelques mètres carrés où croissent quelques oliviers, entourés d'un enclos de pierres mal jointes, se dresse une croix grossièrement faite à l'aide de cailloux superposés et de pierres sans ciment pour les unir. C'est là que les pâtres ouïrent la céleste mélodie qui vibre encore après dix-huit siècles dans les pages inspirées du Nouveau Testament[1].

Nous nous acheminons par un sentier sauvage vers les jardins de Salomon. «Je me suis fait, dit l'Ecclésiaste, des jardins et des vergers et j'y ai planté toute sorte d'arbres fruitiers. Je me suis fait

---

1. Luc, II.

des réservoirs d'eau pour arroser mon parc planté d'arbres. » De toutes ces merveilles que reste-t-il? Quelques rares amandiers chargés de fleurs, quelques citernes crevassées qui ne contiennent plus d'eau. Tout est ruiné, dévasté. Du reste, le roi Salomon n'avait pas d'illusions à cet égard. Relisez son second chapitre et vous serez convaincus.

Nous revenons à Bethléem et nous recevons une cordiale hospitalité chez un commerçant évangéliste. C'est un des nombreux agents de la maison Spittler, de Jérusalem, Allemand de naissance, homme simple et bon; sa femme tient une école où les jeunes enfants de Bethléem sont aimés et instruits. Le soir nous nous retrouvons à Jérusalem.

CHAPITRE IX.

Course à la mer Morte. — Notre escorte. — Aspect de la mer Morte. — Prophétie réalisée. — Le désert de Jean-Baptiste. — Le Jourdain. — Jéricho. — Une nuit à Jéricho. — Danse des Bédouins. — Appréciation de notre escorte par Joseph. — Retour.

Mardi, 22, et mercredi 23 mars.

Nous avons acheté le droit de parcourir le sol de la mer Morte sans être inquiétés; Jérusalem possède un bureau singulier. Vous payez une certaine somme et l'on vous donne une escorte de deux, trois ou quatre hommes qui vous garantissent contre toute attaque ou demande de *baychich*, réclamé à titre de droits de passage dans les pays parcourus. C'est la sauvegarde des apparences, sous prétexte de vous prémunir contre les voleurs on vous vole. Seulement on y met des formes. Nous avons pour chef de file un Bédouin très-brûlé par le soleil, très-ridé. Son œil semble éteint et il porte à des distances énormes. Au milieu des ravines de Juda, nous rencontrons un berger conduisant un troupeau de moutons. Sans quitter son cheval notre cheik saisit un agneau, jette un franc au pâtre et s'éloigne en disant: « Le reste est pour le passage. » Le sol est aride, tantôt rocailleux et tantôt sablonneux. Nous suivons une ligne courbe, sans trop savoir pourquoi, jusqu'au moment où des chevriers armés nous apparaissent au détour d'un monticule. Notre Bédouin les apostrophe: « D'où venez-vous? Où allez-vous? Sous quelle escorte? » Et les chevriers interdits sont rançonnés à notre barbe sans que nous puissions intervenir; du reste, ils n'ont pas l'air étonnés de la chose. Le cheik ne crie pas, il parle peu et très-bas. Notre troupe est assez nombreuse, cinq hommes d'escorte en guenilles, y compris leur chef mieux équipé : M. H...., le directeur de la maison Spittler de Jérusalem, très-pieux et très-aimable; M. M.... très-vif, plein d'entrain, son cheval a des fourmis dans les jambes. George, très-bronzé par le soleil, lance le sien à toute bride, l'arrête court, le fait sauter et marcher presque en même temps. Un employé de la maison Spittler met tout en œuvre pour être agréable et utile, et réussit au gré de ses désirs. Mlle R.... fait relique de tout sur la route : fleurs, plantes, pierres, etc. Je ne parle pas de la poussière, nous en sommes couverts sans le désirer. Les chevaux ne méritent pas même l'honneur d'une mention. Quelle nature triste et sauvage que celle des montagnes de Judée ! Elles sont belles parfois, mais gracieuses presque jamais. La poésie, j'entends la poésie profane, n'a pu trouver place sur ses arides sommets. Il a fallu pour chanter l'inspiration même de Dieu, le souffle vivifiant de l'esprit...

Mais voici la mer Morte. On dirait le Léman sur ses rives les moins peuplées. Les eaux, d'un beau bleu, sont à peine ridées par la brise, un souffle mortel semble avoir passé sur elle et s'être abattu sur les champs qui l'avoisinent. Les bords sont nus et sans le moindre coquillage. Quelques branches desséchées, emportées par l'ouragan et déposées par la vague, quelques larges plaques de bitume, recueillies par les habitants de Bethléem qui les façonnent en coupes, sont les seuls objets qui frappent les yeux des voyageurs. La prophétie renfermée dans le livre de la Genèse, chapitre XIX, s'est littéralement accomplie. Sodome et Gomorrhe, ces jardins de l'Éternel[1], ne subsistent plus ; le feu du ciel les a dévastées tellement que personne ne peut vous dire leur véritable emplacement. La végétation même ne fut pas épargnée. J'ai beau regarder aussi loin que ma vue peut aller, je n'aperçois que des campagnes brûlées par le soleil, pas un arbre, pas une fleur pour reposer mes yeux fatigués par la réverbération. Les eaux de la mer Morte sont saturées de sel, tellement qu'un poisson vivant qu'on y dépose y meurt dans l'espace d'une minute, il est asphyxié ; l'expérience répétée plusieurs fois l'a démontré. J'ai plongé ma main dans la vague et je l'ai retirée toute rubéfiée. On prétend qu'un baigneur ne pourrait enfoncer qu'avec peine, tant est grande la résistance qu'il

[1]. Genèse, XIII, 10.

éprouverait. La tristesse s'empare de l'âme sur ses bords désolés, elle a besoin de consolation. La parole divine s'est réalisée par la malédiction, mais il est une autre prophétie qui parle de relèvement, elle est sortie de la bouche d'Ézéchiel en son chapitre XVI et trouvera par la grâce de Dieu son accomplissement. Nous traversons au galop le désert de Jean-Baptiste, vaste plaine sablonneuse que le souvenir du précurseur ne suffit plus à poétiser. Enfin, voici de la verdure et des fleurs, nous entendons le roulement des eaux du fleuve et bientôt nous touchons au Jourdain. Ah! quelle douce émotion près de ces bords sacrés! Que m'importe l'emplacement où Jésus fut baptisé! Je crois entendre la voix de l'homme du désert tantôt terrible: « Races de vipères! qui donc vous a appris à fuir la colère à venir? » et tantôt s'adoucissant au son d'une immortelle promesse: « Il en vient un autre après moi... » Je crois voir sur la plus haute cime de Moab la figure de Moïse regardant d'un œil attristé la terre où il n'entrera pas. La rive est plantée de saules et de peupliers, où les oiseaux divers viennent chanter joyeusement leur hymne; mais le soleil baisse, il faut partir. Au bout d'une heure de marche nous atteignons Jéricho. Deux ou trois huttes couvertes de branchages et une citadelle presque écroulée, renfermant quelques *bachi-bouzoucks* en guenilles, peuplent seules ce pays de voleurs et de pillards. Rien n'est changé depuis la parabole (saint Luc, X), notre escorte nous l'atteste par sa seule présence, et l'Évangile reçoit jusque dans ses similitudes une éclatante confirmation. Nos tentes sont dressées en face d'un énorme sycomore, près d'une source limpide qu'on dit être la fontaine même dont Élisée corrigea les eaux[1].

Pendant qu'on apprête le repas du soir, nous relisons les pages où retentissent le cri de Bartimée, l'aveugle, et celui de Zachée, le péager. Contrairement aux œuvres humaines qui n'expriment qu'imparfaitement les choses vues et senties, la Bible gagne singulièrement à être étudiée sur les lieux mêmes qu'elle décrit. — L'intérieur de notre tente lui donne un air de salon. — Quatre lits en fer, des pliants, une table bien servie, le tout posé sur des tapis qui couvrent entièrement le sol, nous ôtent toute illusion. Il n'est guère possible avec tout ce confort de se croire en campagne. A peine sortions-nous de table, notre escorte vient danser devant nous, non pas avec ces mouvements de va-et-vient, ce tourbillonnement particulier aux danses d'Europe, mais sans bouger les pieds. C'est la partie supérieure du corps, qui seule se plie en mille contorsions ; ils frappent des mains et chantent leur éternelle et monotone complainte... *Bagchich!* c'est le refrain de toutes choses. Nous demeurons silencieux. La lune se détache sur la noire masse de la cita-

---

1. II Rois, II, 19, 22.

delle, les étoiles parsèment le ciel bleu, la fontaine d'Élisée laisse entendre ses joyeuses cascades bien autrement harmonieuses que les airs bédouins ; les grillons, les grenouilles luttent à qui fera le plus de bruit. Notre escorte allume un grand feu sous le sycomore. Les figures osseuses et noirâtres de nos Arabes, leurs guenilles, leurs armes, prennent sous le feuillage illuminé un aspect tout à fait fantastique.

— Notre chef de file quitte sa bande, contemple silencieusement les étoiles, écoute aux quatre points cardinaux les bruits qui lui viennent de l'horizon, puis s'approche de nous sans perdre une bouffée de chibouc. Il fait dire par notre drogman que nous sommes en sûreté et que d'ailleurs sa troupe veillera sur nous. Quant à lui, il bride son cheval, jette son fusil sur son épaule et va dans la montagne surprendre quelque berger pour lui faire payer son droit de passage. « Joseph ? (C'est le nom de notre interprète.) — Monsieur ? — Croyez-vous que ce Bédouin tuerait l'homme qui refuserait de le payer ? — C'est bien possible ! — Mais enfin la terre n'est pas à lui ? — Pardonnez-moi, elle est à lui ou à ses amis. — Vous trouvez donc la rançon naturelle et juste ? — Parfaitement. » Que voulez-vous répondre à de telles raisons et à des gens si conciliants ?

Mais on se lasse de tout, même d'admirer. Bientôt mes yeux se ferment appesantis par la fatigue. J'entends toute la nuit un bruit de trompette comme si des murs allaient s'écrouler. C'est mon imagination toute pleine du souvenir de Josué qui me fait voir le passé dans un rêve. Bientôt tout se tait, et quand je me réveille, un magnifique rayon de soleil pénétrait par une fente de notre tente comme pour nous souhaiter la joie.

Le retour s'est effectué sans encombre, nous avons revu Béthanie, le mont des Oliviers, le Cédron, jeté sur Moab un dernier regard et passé dans le repos le reste de la journée de mercredi.

CHAPITRE X.

Visite à Gethsémané. — Déceptions. — Le lieu où les Juifs vont pleurer. — Prédication française au Saint-Sépulcre. — Prédication allemande. — La procession. — Le drame au Saint-Sépulcre. — Conclusion.

Jeudi, 24, et vendredi saint, 25 mars.

Jeudi nous avons pris la Cène dans la chapelle anglaise, nous l'avons reçue des mains du pasteur allemand. Nous étions heureux de nous unir à nos frères. Le soir, M. de P.... donne une prédication dans la chapelle arabe. Toute l'assemblée répète à haute voix à la suite du prédicateur l'Oraison dominicale. Il m'était doux d'entendre redire dans ma langue par des voix amies: *Notre père, qui es aux cieux...* Nous avons terminé chez M. Gobat notre paisible journée.

Ce matin nous avons visité Gethsémané. C'est un enclos carré renfermant huit des oliviers les plus vieux de la montagne. Sa position ne saurait être contestée, mais rien ne force à le restreindre à ses quatre murs. Quelques fleurs plantées dans des triangles et des hexagones réguliers s'épanouissent de leur mieux. Un vieux moine vous excite à l'admiration sans paraître la partager en rien. Il répond à toutes les questions par un *qui le sait?* Pourtant il daigne, après bagchich, nous montrer la place où Jésus reçut le baiser du traître, où les apôtres s'endormirent, etc. Je ne sais quelle rage pousse les moines à toujours vouloir enjoliver leurs reliques. Gethsémané devrait être au moins respecté et non transformé en jardin potager plus ou moins fleuri. J'étais avide d'y entrer, je suis joyeux d'en sortir.

Nous gravissons la montagne et nous ouvrons la parole de Dieu aux chapitres de la Passion, dont chaque détail nous frappe par sa profonde vérité. Nous passons là une heure délicieuse qui comptera dans notre vie comme une des plus belles.

Nous visitons, en redescendant, les tombes d'Absalon et de Zacharie, deux monolythes, dont chaque côté mesure six mètres environ. Le tombeau de Josaphat, taillé dans le roc, *la fontaine de la Vierge*, où l'on descend par un escalier de trente marches. C'est là que Marie, selon la tradition, *lavait les linges de son divin fils.* Le réservoir de Siloé, le Cédron desséché, Hakkel-Dama[1], le champ du Potier que les Croisés nommaient le *charnier de Chaudemar*, et qui servait de cimetière aux pèlerins que la mort surprenait à Jérusalem. Arrivés à la porte de Jaffa, nous la trouvons fermée. Les soldats sont à la mos-

---

1. On a prétendu que la terre d'Hakkel-Dama avait la propriété de consumer les corps en vingt-quatre heures. Cette superstition en cause l'exportation notamment au Campo Santo de Pise.

quée; après une heure d'attente ils reviennent. On nous ouvre et nous pouvons regagner notre logis.

Dans l'après-midi nous avons dirigé nos pas vers les murs du Vieux-Temple. Comme nous approchions, une voix plaintive frappe nos oreilles ; un murmure confus, des sanglots mal comprimés, accompagnent sa lecture. C'est le grand rabbin, redisant en hébreu les lamentations de Jérémie. Des hommes, des femmes, des enfants sont groupés autour de lui; chaque vendredi les voit revenir, apportant avec eux une incurable tristesse. C'est un très-émouvant spectacle que celui de ce peuple juif étranger dans son propre pays, versant des larmes sur Sion ravagée. Comme ils disaient orgueilleusement: « Que son sang soit sur nous et sur nos enfants!» et la malédiction, sur leur demande, a fondu sur eux comme un vautour sur sa proie. J'ai vu de pauvres femmes baiser avec des sanglots les pierres rongées par le temps. J'ai vu de grosses larmes rouler dans les yeux des vieillards et des jeunes hommes, elles coulaient librement sur leur figure sans qu'ils fissent effort pour les essuyer. Et le rabbin relisait sans cesse les lamentations de Jérémie. Malgré moi je me sentais tout remué. J'aurais voulu consoler ce pauvre peuple que j'aime, parce que je suis homme et que je suis chrétien. Que Dieu lui-même parle à ces âmes et qu'il leur donne plus et mieux que je ne puis demander pour elles!

Dans la soirée, le consul de Prusse nous expédie ses gawas pour nous escorter à l'église du Saint-Sépulcre. On y prêche en sept langues tous les vendredis saints. Nous passons, sans nous y arrêter, devant la pierre où Joseph d'Arimathie, d'après la tradition, aurait couché le corps de Jésus-Christ pour l'embaumer avant de le mettre au sépulcre; nous gravissons l'escalier qui conduit à la chapelle du Calvaire. L'encens fume, l'orgue jette dans les airs ses notes majestueuses, interrompues par les clameurs peu recueillies de la foule que les soldats turcs tiennent en respect. Un prêtre français a la parole. Il dit sa joie à la vue de Jérusalem; son bonheur d'y prêcher, sa fidélité au pape, sa haine pour M. Renan, et son désir d'avoir un jour une tombe solitaire... je n'ai jamais su pourquoi... De Jésus-Christ pas un mot... En revanche, il a fait sonner haut son titre de Français. Un prêtre allemand l'a remplacé. Je n'ai pas entièrement compris son discours, mais il est un passage qui m'a singulièrement touché. La grâce de Dieu poursuit le pécheur qui chemine dans le péché pour le ramener au ciel dont il s'écarta... Sa parole austère, sa figure respirant la piété sérieuse qui ne se paye pas de phrases, mais de faits, ses yeux fixés invariablement sur un auditoire qu'il veut convaincre, corriger, toucher à salut, m'ont pleinement dédommagé de la peine que je ressentais en écoutant mon compatriote. Les prêtres font la haie, derrière eux sont les soldats, puis le peuple. On promène dans l'église une poupée à laquelle on a donné la figure traditionnelle du Christ; les bras, les jambes et la tête sont mobiles. On la crucifie !!! on la couronne d'épines !!! puis, après l'avoir exposée sur l'autel du Calvaire, on détache les clous d'une main, le bras de la poupée retombe, le prêtre montre le clou au peuple qui s'incline; on détache l'autre main, puis les pieds; bref, on joue le drame de la Passion. Il y a là de quoi pleurer de douleur à la vue d'une pareille profanation.

Si je voyais l'ombre d'une excuse dans cette momerie, si je pouvais entrevoir une apparence de sanctification pour l'âme, je me résignerais au silence par respect pour la conscience des autres, mais il n'y a trace de recueillement chez personne. Plusieurs même ont frémi d'indignation à la vue d'un pareil sacrilége. J'ai vu de grosses larmes couler sur leurs joues, et les anges, je m'assure, les ont recueillies comme un hommage rendu au Dieu qui est esprit.

Les Grecs et les Latins se partagent le Saint-Sépulcre. Je ne leur envie pas cet honneur, et je suis de l'avis de l'un de nous qui disait en sortant: *Je suis heureux de n'y pas posséder un pouce de terrain.*

CHAPITRE XI.

La mosquée d'Omar. — Le cabinet de travail de David. — Intérieur de la mosquée. — L'aire d'Arauna. — L'annonciation à la Vierge de la naissance de..... Mahomet. — El-Aksah. — Les colonnes de l'épreuve. — Moyen infaillible de léguer aux pauvres un million.

Samedi, 26 mars.

La mosquée d'Omar, construite sur les ruines du temple de Salomon, était interdite aux chrétiens; aujourd'hui les musulmans, devenus plus amateurs de bagchichs, sont plus accommodants. Une escorte de gawas et de soldats ne vous est nécessaire que pour la forme. Nous avons de grandes pantoufles dans lesquelles entrent nos souliers, et sur cette simple formalité nous sommes admis dans le sanctuaire. L'édifice principal est précédé d'un pavillon aux colonnes gracieuses. L'iman nous affirme que le roi David en avait fait son cabinet de travail et qu'il y a écrit ses psaumes.

Nous pénétrons dans l'intérieur même de l'édifice, la lumière n'y entre pas avec éclat, elle vient s'amortir sur les vitraux et se répand en sombres teintes sur les souvenirs qui décorent le monument. Le principal est l'aire d'Arauna le jébusien[1]. La roche est entourée d'une balustrade richement ouvragée, surmontée d'un dais splendide. Elle présente en plus d'un endroit des dépressions légendaires. L'une d'elles a été produite par le pied même de Jésus-Christ, l'autre par celui de l'ange Gabriel, une autre par le prophète Enoch. Il faut l'aplomb et la mémoire de l'iman pour se souvenir de toutes les autres. A propos de l'ange Gabriel, je dois rappeler à tous que c'est entre deux colonnettes en marbre de la mosquée qu'il se tint quand il vint annoncer à la Vierge la naissance de... Mahomet. Nous descendons sous le rocher dans une chambre spacieuse renfermant les prie-Dieu de Salomon, de David, d'Abraham, de saint George; l'iman frappe du pied sur une dalle et nous invite à l'imiter. Un bruit sourd et prolongé nous répond et nous révèle la présence d'un caveau. « C'est le *puits des âmes,* » nous dit notre guide. Nous terminons notre visite par la mosquée éloignée (El-Aksah). C'est une basilique chrétienne qui date de Justinien, elle renferme dans une niche *l'empreinte d'un pas du Christ*, sous une dalle *la sépulture des fils* d'Aaron. Les colonnes de l'épreuve méritent une mention. Elles laissent entre elles un espace étroit à travers lequel l'homme vertueux et loyal peut facilement s'introduire, mais dans lequel ne pourraient passer ni les menteurs ni les vicieux.

1. II Samuel, XXIV, 16 à la fin.

J'ai remarqué que les gens de moyenne dimension tentent tous l'aventure, les autres se contentent de sourire et ils ont raison.

Le ciel est sombre, de larges gouttes humectent le sol, c'est la pluie de la dernière saison; les prophètes y font des allusions fréquentes dans leurs écrits. Nous regagnons notre logis en toute hâte, laissant à notre escorte et à l'iman le soin de se partager le bagchich qui me paraît devenir un sujet de querelle, chacun désirant pour soi la plus grosse part. Je profite de ma réclusion forcée pour coucher ici un trait de mœurs digne d'être noté. Les musulmans ressemblent aux chrétiens de tous les pays par un côté, ils ne remplissent leurs devoirs religieux qu'imparfaitement. Leurs prières sont souvent écourtées ou délaissées, leurs ablutions oubliées, leurs aumônes négligées. Donner de son vivant est dur pour le disciple de Mahomet, généralement avare. Mais la peur de l'enfer élargit le cœur et la bourse à la dernière heure. On appelle l'iman. « Je voudrais léguer quelque chose aux pauvres. — Vous avez bien raison, et combien voulez-vous leur laisser? — Ce qu'il faudra pour être aux premières places dans le paradis du prophète. — Plus vous donnerez, mieux vous serez. — Malheureusement je ne possède pas grand'chose! — Mais encore, que possédez-vous? — Et puis, j'ai des femmes et des enfants qui ne sauraient mourir de faim. — Je comprends cela. —

Je voudrais léguer un million, car le désir est grand, mais la bourse est petite. — Mais encore une fois que contient-elle ? — Cent piastres (vingt francs). »

L'iman reçoit des mains du moribond la pièce d'or soigneusement enveloppée. Puis il écrit et remet en échange une quittance d'un million. Pour régulariser l'affaire, il appelle ses amis à la mosquée, les réunit en cercle et fait passer à son confrère la pièce d'or, celui-ci dit quarante et la transmet au suivant qui dit soixante jusqu'à ce que, passant de main en main, le chiffre de un million soit prononcé. Alors Mahomet est content et le défunt entre au paradis. Mais la dixième partie du million doit revenir à la mosquée, la somme de vingt francs est loin de la représenter, les imans néanmoins s'en contentent, le reste est pour les pauvres.

CHAPITRE XII.

L'œuvre évangélique à Jérusalem. — L'évêque Gobat. — La maison Spittler. — L'Orphelinat. — Les diaconesses. — Les pasteurs. — Le couvent grec de Jérusalem et le clergé grec. — Fraudes pieuses. — Manœuvres intéressées. — Les cinquante noms du frère collecteur. — Les écoles arabes.

Dimanche, 27 mars.

Le soleil brille au ciel et semble vouloir embellir par sa chaude présence le jour de la Résurrection.

Il y aura foule et bataille au Saint-Sépulcre, aussi je me garde bien d'y mettre les pieds. J'aime mieux raconter à mes lecteurs les grandes choses de Dieu que les misérables querelles des hommes et réjouir leur cœur, en leur montrant à l'œuvre des ennemis de l'erreur, du préjugé, du matérialisme grossier, des consolateurs de l'affligé, des *évangélistes* enfin.

A tout seigneur tout honneur. L'évêque Gobat, le doyen des missionnaires, dirige à Jérusalem le mouvement religieux. C'est un homme simple et bon. Nous avons trouvé près de lui l'accueil le plus gracieux et le plus fraternel. La société de Londres, depuis 1824, entretient des agents dans la ville; son premier but était, je crois, la conversion des Juifs. C'est elle qui fit bâtir la chapelle, fonda l'hôpital anglais, créa les premières écoles. Après elle, le roi de Prusse, ayant à cœur l'évangélisation des catholiques et des Grecs, construisit un hôpital et fit ouvrir des écoles.

La maison Spittler dirige et soutient plusieurs œuvres; mais avant de les faire connaître, je crois devoir dire quelques mots de leur fondateur. M. Spittler est Wurtembergeois. Établi à Bâle dans les affaires, il quitta son bureau à l'âge de vingt ans pour devenir le secrétaire d'une société laïque d'évangélisation. Le but de ses membres était de raviver la foi qui s'éteignait, de provoquer son épanouissement dans les âmes, de la produire dans les cœurs de tous, en un mot de réveiller l'Église. Brochures, journaux, livres, institutions, rien ne fut épargné pour un pareil résultat. La maison des missions de Bâle, la maison de refuge pour les prêtres catholiques convertis, l'orphelinat de Beuggen (Bade), la maison des servantes, celle des sourds-muets de Richen, l'hospice des petits enfants, la maison des épileptiques, une maison de correction pour les jeunes gens vicieux n'épuisent pas la liste des œuvres créées par ce premier effort. Nous ne devons pas oublier une librairie religieuse, dirigée par Spittler lui-même, à laquelle vint s'ajouter une imprimerie qui l'alimente incessamment. Mais c'est la Crischona surtout qui mérite notre attention. Elle renferme de jeunes ouvriers qui désirent gagner leur pain à la sueur de leur front, et, sans sortir de l'état où Dieu les a placés, évangéliser les âmes dans la mesure de leurs forces.

C'est elle qui a fourni des employés à la maison Spittler de Jérusalem — elle qui sème ses agents à Jaffa, à Bethléem, etc., et qui a fait construire l'orphelinat de Jérusalem. Cet établissement compte de nombreux enfants de tout culte, et leur fait donner avec un bon métier une solide instruction primaire et un enseignement évangélique qui ne laisse rien à désirer.

Les enfants parlent tous la langue allemande sans oublier leur arabe. Après les avoir questionnés sur les points fondamentaux du christianisme, je leur ai demandé — si l'âme, une fois rachetée par Jésus-Christ, devait se laisser aller sans merci à l'indolence. Le directeur m'a interrompu : « Si vous le permettez, les enfants vous chanteront la réponse. » Et sans autre indication, sur l'air national anglais, les jeunes voix se sont accordées et un hymne en langue arabe a retenti. M. H..., le représentant de M. Spittler à Jérusalem, m'en a traduit le refrain : « *Montre-moi ta foi par tes œuvres.* »

J'ai remercié les enfants de mon mieux en les louant de ce qu'ils étaient bien instruits dans les choses qui touchent à la paix. Et voici comment leur chef a traduit mes paroles : « M. Paul est très-content de vous avoir vus et entendus, mais il espère que vous ferez beaucoup plus de progrès que vous n'en avez fait jusqu'à présent. »

La maison des diaconesses, construite sur le mont de Sion, s'agrandit de jour en jour. Depuis 1851, cinq sœurs reçoivent dans leur hôpital les malades de toutes les confessions, des Protestants, des Grecs, des Catholiques, des Coptes, des Arméniens, des Juifs, des Mahométans.

Pendant l'année 1858 nos sœurs reçurent et soignèrent 23 Mahométans. Esclaves et libres, noirs et blancs mêlés et confondus sont traités avec une égale tendresse. J'ai été profondément touché par cette sympathie généreuse qui ne connaît pas de barrière, de caste ou de couleur quand il faut aimer; qui sait se dépouiller pour soigner autrui et ne s'arrêtant pas à l'extérieur, va droit jusqu'à l'âme pour lui rendre sa dignité souvent perdue, toujours amoindrie, la relève, la console, la fortifie sans toutefois négliger le corps qui lui sert d'enveloppe.

Les femmes sont à part, quoique dans le même bâtiment. Au-dessus de l'infirmerie sont les écoles et les dortoirs des jeunes filles. La pharmacie, la lingerie, les réfectoires, la cuisine, tout est propre et bien tenu. Les diaconesses de Jérusalem sont un beau fruit de la maison mère de Kaiserswerth. Elles sont secondées par deux pasteurs, dont l'un, très-versé dans la langue arabe et hébraïque, possède une chapelle où il évangélise les indigènes qui n'entendent ni l'anglais, ni l'allemand, ni le français. L'autre dirige spécialement la colonie allemande : tous deux sont fidèles et bénis.

Les diaconesses ont une petite industrie destinée à leur venir en aide. Elles font sécher des fleurs du Cédron, de Béthanie, de Gethsémané, de Tibériade, de Bethléem, de Nazareth, etc., et les disposent en bouquets ou en guirlandes sur des feuilles de papier à l'aide d'une colle liquide. Ces petits tableaux, très-gracieux du reste, sont assez recherchés par les pèlerins.

Je ne puis terminer ce chapitre de l'évangélisation sans nommer M. Rosen, le consul de Prusse, qui soutient et patronne toutes ces œuvres : Aimable savant, nous lui devons des heures charmantes passées à l'écouter et une hospitalité fraternelle, dont l'éloignement de nos bien-aimés doublait et triplait le prix. L'évangélisation des Musulmans n'est point facile : la raison en est simple. Citez dans l'Ancien Testament les patriarches, les prophètes ; ils soutiennent qu'ils vénèrent Abraham, Isaac et Jacob. Parlez-leur du Nouveau, vous les trouverez tout aussi respectueux à l'endroit de Jésus-Christ. Ils vous affirmeront qu'ils partagent notre culte, mais qu'ils le dépassent en ce qu'ils honorent Mahomet. Cette croyance en leur supériorité religieuse les rend dédaigneux à l'égard de la foi des autres, et tout évangéliste est sûr d'avance de trouver le mépris entre l'Arabe et lui. Malgré tout, l'œuvre avance quoique lentement, et l'avenir la verra triompher.

Lundi, 28 mars.

Le couvent grec de Jérusalem, situé aux portes de Jaffa, est destiné à recevoir des moines, des pèlerins et des colons. Les proportions du bâtiment sont énormes, les divers compartiments me paraissent bien distribués. J'ai recueilli sur le clergé grec les détails les plus affligeants. Tout prêtre reçoit au couvent la nourriture du corps, maigre pitance l'empêchant de mourir de faim. Il doit récolter au dehors l'argent nécessaire à son entretien. De là naissent de nombreux abus. Les prêtres se font commerçants, débitants de boissons spiritueuses. Plusieurs vivent dans le déréglement. Les fraudes pieuses, les vols officieux sont organisés par un moyen bien simple. Un Russe ne se met jamais en route sans la permission de son directeur spirituel. La confession fait connaître à ce dernier l'argent possédé par le pèlerin, et une lettre prévient les moines de Jérusalem de l'état de bourse du voyageur, que l'on traite en conséquence. L'argent du moine grec revient au couvent à sa mort, à moins qu'il n'en ait disposé de son vivant. On m'a affirmé qu'il était sans exemple, qu'un moine se fût dépouillé de son vivant en faveur de qui que ce soit.

Le clergé du couvent possède parfois des indiscrets qui vous mettent naïvement au courant de leurs affaires. Le récit suivant en fait foi. Les moines donnent un bon repas aux pèlerins fraîchement débarqués et le font suivre d'une collecte. Les produits en étaient minimes. L'un des frères (c'est lui-même qui le raconte) s'engagea, si l'on voulait faire de lui le pourvoyeur de la maison, à doubler le prix de la quête. Le directeur y consent; aussitôt notre homme achète un baril d'eau-de-vie, le met à la portée de tous ses convives, les excite à boire, et quand il les juge suffisamment animés, il s'arme d'un plateau et fait la ronde. Les pèlerins donnent sans compter. Le supérieur, radieux, accorde alors à son rusé collecteur cinquante noms. Voici l'explication de la chose: le pèlerinage en terre sainte est pour un Russe une grande chance de salut; mais les pauvres ne peuvent tous se le permettre: c'est trop coûteux. Pour obvier à cet inconvénient, ils obtiennent du confesseur la permission de le faire par procuration. Ils donnent leur nom plus une offrande à plus riche qu'eux, afin qu'il les représente à Jérusalem. Le collecteur en représentait cinquante à lui tout seul, par permission reconnaissante de son supérieur. Le chargé de pouvoir ne donne pas tout l'argent reçu: toute peine méritant salaire, l'habileté consiste, de la part des autres, à lui en soutirer le plus possible; lui fait effort pour en donner le moins qu'il peut. Cette lutte intéressée peut faire sourire, elle ne donne pas une haute idée de la morale du clergé grec de Jérusalem. Je ne mentionne pas la déplorable cérémonie du feu sacré, elle fait souvent couler le sang. Plaise à Dieu qu'il ne retombe pas sur la tête des acteurs de cette sacrilége comédie !

J'ai questionné notre drogman sur son éducation première et il s'est établi sur ce sujet le dialogue suivant :

« Joseph, qui vous a appris à lire et à écrire? — Un cheik arabe. — Vous n'avez donc pas eu de coups de bâton sur la plante des pieds quand vous récitiez mal ou pas du tout? — Pardonnez-moi, Monsieur, j'en ai reçu beaucoup. — Votre maître était dur, Joseph? — Pas plus que les autres, Monsieur, tous les maîtres d'école frappent. — Mais si un cheik vous a appris à lire, vous n'alliez pas à l'école. — Pardon, tous les maîtres d'école sont cheiks. — Quel est leur emploi en dehors de la classe ? — Ils lisent les prières à la mosquée. — Sont-ils respectés parmi le peuple? — Beaucoup. — Combien les paye-t-on? — Cela dépend, 100 fr., 200 fr. par an, suivant la grandeur des villes qu'ils habitent. — Et les pauvres? — On les reçoit gratis. — Le gouvernement turc donne-t-il au maître un *bagchich* pour les pauvres? — Ah! oui! le gouvernement turc prend, Monsieur, mais pour donner, jamais; il donne des coups de bâton quand on ne lui rapporte pas assez. — Voilà! Et les colléges?» Joseph pousse un grand soupir. « Il faut être trop riche pour aller au collége, Monsieur, il y a aussi des savants qui donnent des leçons en ville; on les paye bien, on les nourrit très-bien, ils écrivent les actes, les lettres de ceux qui ne savent rien et sont discrets comme leur barbe. » Cette dernière expression est de Joseph, qui me quitte sur ce mot-là.

CHAPITRE XIII.

Les bassins de Salomon. — Le chêne d'Abraham. — Hébron. — Souvenirs bibliques. — La caverne de Macpéla. — D'Hébron à la mer Morte. — Visite au couvent de Mar-Saba. — Singulière insistance du portier. — Les religieux et les merles.

Mardi, 29 mars.

Nous partons de Jérusalem à sept heures par un soleil brûlant. Nous revoyons le tombeau de Rachel et nous faisons halte pour déjeuner aux réservoirs de Salomon. Ils sont au nombre de trois, peu remarquables par leur position et leur étendue, ils ressemblent à tous les bassins. L'eau qu'ils renferment est très-fraîche et limpide; elle alimente Jérusalem. Nous les quittons, sans trop de regrets, et je profite de la monotonie de la route pour évangéliser Joseph, notre drogman. La justification par la foi, sans les œuvres de la loi, bouleverse toutes ses idées. Je ne puis lui faire entendre que les œuvres sont l'inévitable conséquence du salut gratuit. Il regarde avec étonnement mes compagnons, comme s'il n'y avait que des Latins et des Grecs en possession de la vérité. Je le laisse à ses réflexions et je rejoins au galop notre groupe. Sur le soir nous atteignons un grand chêne auquel la tradition rattache le nom d'Abraham. Il mesure sept mètres de circonférence, son branchage est magnifique : nous nous reposons sous son ombre avec délice. Une heure après nous sommes à Hébron. Comme nous approchons de la ville, nous apercevons le drapeau français, flottant à la brise du soir. C'est une délicate attention de Joseph. La ville n'a de gracieux que sa ceinture de vignes parsemées de bouquets d'oliviers. Les rues sont ignobles, obscures, étroites ; les maisons seules ont quelque solidité, mais mal construites et mal entretenues ; elles ne suffisent pas à faire oublier les immondices qui les avoisinent. Les souvenirs bibliques y foisonnent. Ici dorment dans la caverne de Macpéla : Abraham, Sara, Isaac, Rébecca, Jacob et Léa[1]. C'est dans les vignes d'Hébron que les espions cueillirent la grappe des Nombres (XIII, 23-24.) C'est là que David fut sacré roi, qu'Abner fut massacré par Joab et que vint camper Absalon, révolté contre son père[2].

Une énorme mosquée domine la ville, elle renferme la caverne de Macpéla. Nous avons dû nous résigner à ne voir que les murs d'enceinte. Tout chrétien qui tenterait d'y pénétrer payerait de sa vie son audace. Le prince de Galles pourtant a pu la visiter. Un bataillon turc a forcé l'entrée, pour lui

---

1. Genèse, XXIII, 19 ; XLIX, L.
2. II Samuel, II, 4. — II Samuel, III, 27. — II Samuel, XV, 10.

en ouvrir l'accès. L'édifice peut se diviser en deux parties distinctes, l'une de construction récente, l'autre qui remonte dans la nuit des temps. La nuit nous force à regagner notre maison volante, entourés de juifs et de gamins amorcés par la curiosité.

Mercredi, 30 mars.

A cinq heures du matin nous sommes sur pied; à six heures il ne reste rien de l'emplacement que nous occupions. Tentes, malles, valises, cantine et couverture, tout est sur le dos des mulets. George, séduit par les qualités d'un cheval, l'achète; je le connais encore trop peu pour le décrire, mais je puis dire quelques mots du mien. Il marche lentement, galope quand on le frappe; mais en revanche, il butte à faire plaisir. Nous retrouvons Bethléem et nous choisissons un Bédouin pour guide. Sa figure brûlée par le soleil, ses guenilles, sa grande taille, sa maigreur, ses jambes nues labourées par les épines, son sabre lui battant la cuisse gauche, son épaule supportant un long fusil rapiécé en plus d'un endroit, tout son être enfin fait peur aux moins poltrons. Sa mine sied admirablement au sol que nous foulons. Terrain pierreux, montagne presque désolée, sable mouvant sur le flanc des collines, entassé capricieusement, pourchassé par le vent, obéissant à son impulsion et s'en allant former çà et là mille dessins uniformes de couleurs. Tout à coup, un cri d'admiration sort de toutes les bouches. Par un soleil éblouissant les flots bleus de la mer Morte viennent baigner le pied des montagnes de Moab. Les rochers revêtent, sous des flots de lumière, mille formes fantastiques; portiques, palais, ponts aux mille colonnes paraissent et disparaissent tour à tour. Nous ne pouvons nous lasser d'admirer, et pour trouver un point de comparaison, digne du spectacle offert à nos regards, nous avons dû faire un retour sur la merveilleuse grâce de Dieu, qui ne se lasse pas de nous poursuivre.

Enfin, nous atteignons le couvent de Mar-Saba, flanqué de hautes tours et de murs crénelés, propres à le défendre contre toute agression. Joseph s'est muni d'une lettre de recommandation pour le supérieur. Nous frappons à coups redoublés à la porte en fer du cloître. Personne. Armé d'une lourde pierre, notre drogman s'escrime à se faire entendre; l'écho du ravin sur lequel est bâti le monastère, reproduit fidèlement chaque coup accompagné d'une imprécation. Après un quart d'heure d'attente un moine surgit au sommet d'une tour. Il laisse couler en terre une corde, au bout de laquelle pend un panier. Joseph dépose sa lettre, le panier remonte et le religieux, sans proférer une parole, disparaît emportant le tout. Quelques minutes après, les verrous crient, la serrure grince et la porte s'ouvre lourdement et lentement. Un moine parlant l'italien nous escorte. Nous descendons quelques marches et nous arrêtons sur une plate-forme circulaire, au centre de laquelle est le tombeau de saint Saba. Cet anachorète, né en Cappadoce en 440, fonda le monastère en 480 et y mourut en 535, si j'en crois le frère qui nous guide. On lui attribue de nombreux miracles. Nous avons visité sa grotte, d'où sortit un lion pour lui céder généreusement sa place. Les cellules des frères sont toutes taillées dans le roc; ils font continuellement maigre, tous ont l'air poitrinaires ou malades d'épuisement. Ils nous offrent du *raki*. espèce d'eau-de-vie qui semble fabriquée avec du fenouil. Nous donnons un bon *bagchich* et nous regagnons notre tente, poursuivis par le portier du couvent. qui demande le sien comme un vrai Turc. Nous trouvons son insistance singulière pour un homme qui fait vœu de pauvreté. Nous nous époumonons à lui crier : « Nous avons déjà donné. — *A un autre, pas à moi.* » Fatigués de son importunité, nous le prions de regagner sa cellule, ce qu'il fait d'assez mauvaise grâce.

Notre tente est à deux pas, nous la retrouvons toujours avec un vif plaisir; elle nous a vus joyeux. goûtant les charmes de l'union fraternelle.

Jeudi, 31 mars.

Nous sommes réveillés par le portier du couvent. tenace comme un mulet et réclamant un *bagchich* avec plus d'ardeur que la veille. « Nous avons donné

50 piastres, hier. — Je le sais, mais pas à moi. *Bagchich!* — Si tous les moines vous ressemblent, ils doivent bien fatiguer les voyageurs. — *Bagchich!* — Mais *bagchich*, pourquoi? Nous ne vous avons rien acheté, vous ne nous avez rien vendu. — *Bagchich!* » Joseph impatienté lui crie: « Si l'on vous donnait la bastonnade, que répondriez-vous ? — *Bagchich!* » Nous lui donnons quelque menue monnaie qu'il regarde dédaigneusement, puis il s'en va nous jetant à la tête, à la façon des Parthes, quelques injures grossières, mais nullement bibliques.

Nous sommes revenus à Jérusalem par la vallée du Cédron. C'est une course de trois heures qui ne se distingue par rien de particulier.

J'oubliais de parler d'un très-curieux spectacle, dont nous avons été les témoins oculaires et auriculaires. C'est le portier du couvent avec son *bagchich* qui m'a fait perdre toute mémoire. Les moines de Mar-Saba élèvent des merles en quantité. Ces oiseaux plus reconnaissants que jolis jouissent d'une pleine liberté, ils vont sur les montagnes de Judée prendre leurs ébats, mais la nuit et la faim les ramènent au couvent. Je n'ose dire la gourmandise, pour ne calomnier personne. Ils se perchent sur la terrasse et vont prendre, jusque dans la main des religieux, des morceaux de viande hachée menu, dont ils n'auraient garde de manger eux-mêmes. Ce n'est pas qu'elle soit mauvaise, mais ils font profession de n'y pas toucher. Les merles sautillent et sifflent de leur mieux, au grand plaisir des frères, dont ils sont l'unique distraction. J'aime beaucoup les animaux et ceux qui leur témoignent de la sympathie: je ne puis supporter les dénicheurs d'oiseaux, les tourmenteurs d'insectes; mais j'aime encore mieux les hommes. Aussi me suis-je pris à soupirer à la vue de tous ces religieux qui sont mes frères après tout, parce qu'il y a mieux à faire qu'à nourrir des merles. J'aurais voulu leur donner à manger la viande dont leur corps épuisé a besoin, j'aurais voulu les faire sortir de cette vie contemplative, énervante pour le corps aussi bien que pour l'âme, les rendre à la société qu'ils n'auraient jamais dû quitter, les faire concourir au bien-être de tous et non pas uniquement à leur propre bien-être, et rappelant à leur esprit la biblique parole : « Use d'un peu de vin à cause de la faiblesse de ton estomac, » leur faire entendre que saint Paul n'écrivait pas ce verset à un homme qui se croisait les bras, mais à Timothée, l'évangéliste. Je n'ai rien dit de tout cela parce que je n'aurais été ni écouté ni compris. Nous consacrons notre soirée à des emplettes, demain nous quitterons Jérusalem pour n'y plus revenir. Mais nous emportons des souvenirs précieux, une émotion salutaire, sans oublier une grande reconnaissance pour les amis dont l'affection nous a rendu si doux notre séjour dans la sainte cité.

SAMARIE.

CHAPITRE XIV.

Départ de Jérusalem. — Beth-el. — Beth-Aven. — Les pèlerins grecs. — Scilo. — Souvenirs bibliques. — El-Lebben. — Le puits de Jacob et le tombeau de Joseph. — Naplouse (ancienne Sichem). — Le culte samaritain.

Vendredi, 1er avril.

Chaque minute nous éloigne de Jérusalem. Nos yeux se sont bien des fois retournés vers elle, comme autrefois le cœur des Juifs quand ils quittaient Sion sous le joug de l'étranger. Leur tristesse surpassait la nôtre assurément, mais le sentiment était le même et chez eux et chez nous. Au sommet du Scopus, la ville s'est déroulée tout entière comme pour nous dire un dernier adieu, — puis nous avons repris notre marche à travers un pays sans intérêt jusqu'à Beth-el, assemblage de huttes construites au milieu de rocailles à la cime d'un coteau sans verdure et sans fleurs. C'est l'endroit où Jacob construisit un autel au Dieu fort, en souvenir de l'échelle miraculeuse[1]. Beth-el resta grand jusqu'au jour où l'idolâ-

---

1. Genèse, XXVIII.

trie le souilla. Les Juges choisirent la ville pour y tenir leurs assemblées. Jéroboam survient, bâtit un temple au veau d'or, et les prophètes Osée et Amos, comprenant qu'un peuple qui renonce à Dieu doit perdre aussi son nom, transformèrent celui de Beth-el (maison de Dieu) en Beth-Aven (maison de vanité). Cette dernière épithète a reçu sa terrible et désolante application. De Beth-el à Scilo, la route est sillonnée par une longue traînée de pèlerins grecs qui vont célébrer la Pâque à Jérusalem[1].

Femmes, enfants, vieillards et prêtres cheminent les uns à cheval, les autres sur des ânes, le plus grand nombre à pied. Les uns vont sans souliers, les autres n'ont pour tout vêtement qu'une mauvaise chemise, tous ont des palmes sur leurs épaules. Quelques-uns ont la figure très-belle ; les prêtres en général sont les mieux nippés et les mieux montés. C'est un spectacle touchant que celui de cette procession sans pompe, qui va, poussée par le pieux désir de vivre quelques jours dans la ville sainte au milieu des souvenirs qu'elle rappelle. — Mieux que nous ils doivent comprendre le sens profond de la parole du Christ[2] : — « Simon, j'ai quelque chose à te dire. — Maître, dis-le. — Vois-tu cette femme ? Je suis entré dans ta maison et tu ne m'as pas donné

---

1. La Pâque grecque ne correspond pas toujours à la Pâque latine, les Russes et les Grecs ayant jusqu'ici refusé de se soumettre au calendrier grégorien.

2. Luc, VII, 40, 45.

d'eau pour me laver les pieds, mais elle les a arrosés de larmes et les a essuyés avec ses cheveux. » Marcher tout le jour et souvent dans la nuit sur un sentier pierreux comme celui qui mène de Beth-el à Scilo n'est pas un petit supplice. Je sais bien que la plupart des pèlerins y attachent une idée d'expiation, mais je ne puis m'empêcher de m'incliner devant l'esprit de sacrifice qui les anime.

Nous gravissons entre deux rangées d'oliviers la montagne, au sommet de laquelle est Scilo.

La ville n'a gardé aucune apparence de son ancienne splendeur. C'était là pourtant que le jeune Samuel fut conduit au grand prêtre Héli. C'était là que séjourna l'arche jusqu'à la fin des Juges; mais c'est là aussi que les fils du souverain sacrificateur exercèrent leurs rapines[1]. Et Dieu les fit tomber sous les coups des Philistins; leur ville s'est réduite en un misérable hameau que le prophète Jérémie[2] n'hésite pas à désigner comme un exemple mémorable de la justice de Jéhova. On n'aperçoit sur les coteaux qui l'avoisinent que les feuilles vertes des figuiers, tranchant sur la couleur terne des oliviers comme pour rompre par des nuances variées l'uniformité du paysage.

Nous campons à El-Lebben, vieille ruine, auprès de laquelle un puits d'une eau très-fraîche nous presse de nous arrêter. A nos côtés quatre Anglaises campent bravement sous la garde unique d'un drogman,

---

1. I Samuel, II, 12-18. — 2. Jér., VII, 12-18.

d'un cuisinier et de leurs moukres. Il faut être de leur pays pour entreprendre seules un pareil voyage.

Samedi, 2 avril.

Nous déjeunons au puits de Jacob, en face du fameux Garizim. C'est ici que Jésus eut l'entretien célèbre avec la Samaritaine. Quelques tronçons de colonnes, reste d'une église démolie, une eau courante et limpide nous apprennent son véritable emplacement. Nous sommes descendus dans la première galerie, si l'on peut appeler de ce nom une voûte basse, obstruée par des pierres et des fûts de colonnes. L'orifice du puits, qu'on dit être profond, est masqué par les décombres, il ne reste qu'une ouverture qu'on peut facilement boucher en réunissant les deux mains. Mais que de souvenirs entassés là! Je n'ai pas de peine à me représenter le Christ assis, regardant avec tendresse cette femme méprisée des Juifs et l'étonnant par des réponses et des demandes inouïes jusqu'alors. J'assiste au développement spirituel de cette âme dont la foi ne dépassait pas Garizim, et je vois la foule amenée par elle aux pieds du Maître pour lui rendre l'honneur qui lui revient, s'en retourner en murmurant la parole reproduite par Jean dans son IVe chapitre: « Ce n'est plus à cause de ce que tu as dit que nous croyons, car nous l'avons entendu nous-mêmes et nous savons que c'est lui qui est véritablement le Christ, le Sauveur du monde. »

La plaine est couverte de blés et la parole du Seigneur est expliquée par la nature même du sol. « La moisson est grande, mais il y a peu d'ouvriers, priez donc le maître de la moisson d'envoyer des ouvriers dans sa moisson. »

A quelques pas du puits de Jacob se trouve le tombeau de Joseph ; son corps rapporté d'Égypte, selon la tradition, confirmée par la Genèse[1], fut enseveli dans la terre que son père possédait à Sichem. C'est Josué qui l'atteste[2]. Cette sépulture, très-vénérée à la fois par les Juifs, les Samaritains et les Musulmans, n'offre rien de curieux. Dans une enceinte carrée, sous une pierre en dos d'âne, ornée de quelques inscriptions hébraïques, dorment les restes du patriarche. Après vingt minutes de marche nous sommes à Naplouse, l'antique Sichem.

Dimanche, 3 avril.

Cette nuit il a plu à verse. De larges gouttes tombaient sur nous et nous tenaient éveillés. La voix des gardiens, s'appelant les uns les autres pour ne pas s'endormir, n'a cessé qu'avec le jour. Hier nous avons eu la bonne fortune d'assister au culte samaritain. Le grand prêtre nous y avait invités : c'est un homme de quarante à cinquante ans, beaux traits, longue barbe, sourire bienveillant, parole douce et sonore. Il nous fait conduire à la synagogue. Nous nous

---

[1]. Genèse, L, 25. — [2]. Josué, XXIV, 32.

déchaussons et nous entrons dans une salle nue et basse. Le sol est recouvert de nattes et de tapis. On nous apporte des chaises et le culte commence. Les femmes n'y prennent aucune part, les hommes seuls ont le droit d'y assister. Ils se revêtent en entrant d'une robe blanche, puis s'accroupissent à la façon des tailleurs d'Europe. Ils sont au nombre de 150, dit-on, une trentaine environ fréquente le culte. Les assistants sont très-beaux d'expression, leur grande taille et leur air imposant m'ont frappé. Ils attendent encore le Messie comme les autres juifs, mais ils n'admettent que le Pentateuque parmi les livres inspirés. Ils le récitent à l'unisson. Quelques-uns gesticulent en parlant ou en priant tout haut; à certains moments tous se prosternent la face contre terre sans cesser de réciter, et le ton devient alors tantôt sourd et bas comme s'il arrivait des profondeurs d'un abîme, tantôt il s'élève jusqu'à l'octave aiguë; ce sont alors des cris à faire frémir un sourd. Ils lèvent le bras pour menacer un ennemi invisible, puis ils l'abaissent comme découragés et le relèvent vers le ciel pour y chercher un aide. La voix du grand prêtre retentit alors accompagnée par l'assistance, jusque dans ses variétés d'intonation. Puis tout se tait. Les prières sont dites, la cérémonie terminée; chacun roule sa robe blanche, la dépose dans la synagogue et s'en va. Les Samaritains ont remplacé le verset des commandements: « Tu ne convoiteras pas, » par les mots suivants: « Tu me bâtiras un temple à Garizim. » Le fameux livre nous est montré, il est roulé dans du cuivre et du cuir. C'est un manuscrit des cinq premiers livres de la Bible très-ancien. Les Samaritains lui donnent 4,000 ans d'existence. Abiscuha, d'après eux, l'aurait légué à leurs pères; d'après des hommes compétents ce serait Manassé, frère de Jaddus, qui le leur aurait transmis, ce qui le reporterait au cinquième siècle avant Jésus-Christ.

La ville de Naplouse, entourée d'une végétation remarquable, possède quelques belles maisons; mais sauf deux grandes rues, on est obligé, pour la visiter, de parcourir des ruelles ignobles, le plus souvent voûtées, pleines d'immondices et de décombres manquant d'air et de lumière, plus faites pour des animaux que pour des hommes.

La population est de 8,000 habitants. Nous y comptons quelques coreligionnaires. La réputation de Naplouse est détestable; je crois que si l'un de ses enfants descendait aujourd'hui de Jérusalem à Jéricho, ce ne serait plus pour secourir les blessés, mais pour achever de les dépouiller. Quelques maisons portent sur leur muraille des inscriptions arabes; je me les suis fait reproduire en français. Voici l'une d'elles:

Mahomet, fils d'Amri, fils de Baki (suivent une foule de noms propres), *a fait le bienheureux voyage de la*

Mecque. Un passage du Coran, que le drogman n'a pas su traduire, accompagnait ces lignes.

Les Arabes ont la singulière idée que les Européens sont tous médecins; ils nous amènent leurs malades, nous donnons une carte pour les diaconesses de Jérusalem à une jeune femme poitrinaire, et nous revenons sous la tente goûter le repos de la nuit.

CHAPITRE XV.

Sébastieh (ancienne Samarie). — Joseph et les chevaliers. —
Une halte à Djennin. — Portrait de Nadir, notre cuisinier.
— Une noce chez les Fellahs. — Une chasse au léopard.
— Le mont Carmel.

Lundi, 4 avril.

Au moment où nous quittions Naplouse, de pauvres lépreux nous attendaient au bord d'un ruisseau. Nous ignorerions la sublime maxime : *Il y a plus de bonheur à donner qu'à recevoir,* que la simple vue d'une telle douleur suffirait à ouvrir la bourse de l'homme le plus inaccessible aux appels de la charité. Le soleil éclaire notre sentier, plein de verdure et de fleurs; de larges gouttes de pluie et de rosée suspendues aux feuilles des arbres, comme autant de perles qui n'attendent pour s'évanouir qu'un rayon plus chaud ou qu'un simple frisson de la feuille, agitée par le zéphir, nous prêchent magnifiquement notre humaine fragilité. Quelle incomparable nature ! Figuiers au tronc gigantesque, oliviers centenaires, mûriers au vert feuillage, collines aux bruyères épaisses, marguerites et coquelicots, fleurs sans parfums, mais aux mille nuances, sur lesquelles tourbillonnent capricieusement les papillons.

Toutes ces splendeurs sous un ciel sans égal se mêlent sans se nuire, s'harmonisent sans violence et ne paraissent avoir d'autre envie que d'attirer nos regards et d'autre but que d'égayer notre pèlerinage.

Arrivés sur une hauteur, la mer unie comme une glace vient nous faire battre le cœur; au delà de cette mer est notre France et nos amis. De légers nuages qui flottent lentement semblent vouloir la traverser. Allez, voyageurs aériens, allez planer sur la tête des nôtres et dites-leur qu'il y a tout près de Sébastieh, l'antique Samarie, quatre pèlerins qui se recommandent à leurs prières.

La ville de Samarie ne renferme plus que 500 habitants et 60 maisons à peine construites avec ses propres débris. C'était la ville odieuse aux Juifs, mais visitée par le fils même de Dieu. Il fallait *que le Christ passât par Samarie*. Quelle tendresse dans ce *il fallait*, mais le peuple n'a pas voulu le recevoir et il porte la peine de son incrédulité: des ruines et encore des ruines et toujours des ruines. Ruines matérielles, ruines morales. Un temple à moitié démoli, construit par les croisés et transformé en mosquée, compose l'unique édifice de la ville. Des tronçons de colonnes parlent de ce qu'elle fut et font voir sa décadence, avec plus de force, par la comparaison de son passé et de son présent.

Nous déjeunons au pied d'une haute muraille, entourés d'Arabes qui nous contemplent et rient silencieusement. Je crois que notre costume les étonne moins que notre appétit. Les chefs se rapprochent peu à peu de nous, et considèrent nos fouets avec une respectueuse attention. L'un d'eux va jusqu'à s'en servir pour éloigner ceux qui nous serrent de trop près. Les quatre Anglaises avec leur escorte nous atteignent à Samarie, et viennent camper autour de nous près du village de Djennin. Nous changeons un peu de végétation, myrtes et bleuets des vallées, lis sauvages, etc.; de temps à autre, nous rencontrons des cavaliers armés de lances formidables ou de fusils démesurément longs. Joseph les regarde de travers, notre drogman n'est pas le courage incarné. « Messieurs, je prendrai ce soir *un chevalier du gouvernement.* » Tout voyageur à cheval est pour Joseph un *chevalier*. Après avoir planté notre tente dans une verte prairie, qu'arrose un limpide ruisseau, notre drogman part pour le village gracieusement posé sur un coteau; la mosquée, sortant d'un bouquet de palmiers son minaret éclairé des feux du soleil couchant, nous montre réalisée l'une des merveilles des *Mille et une Nuits*. Tout cela est fort beau, mais de loin: pénétrez dans le village, vous trouverez le désordre, la malpropreté, la souillure dans les rues; pénétrez dans l'intérieur des maisons, vous y verrez le clinquant, la dorure, tout ce qui saute aux yeux mêlé aux haillons attaqués par la rouille et la vermine. Cette dernière ne tardera pas à vous envahir. Ne vous hâtez pas de vous en plaindre; pénétrez plus avant, allez jusqu'à l'âme, vous la trouverez livrée aux pires convoitises, aux passions les plus désastreuses, aux superstitions les plus éhontées. Là où n'est pas le christianisme, là est la mort.

Mais voici Joseph, suivi de deux personnages à mine suspecte qui veilleront sur nous. Le duc de Modène a perdu son cheval pour avoir négligé cette précaution. Avant de toucher au repas du soir, je veux faire connaître à mes lecteurs notre cuisinier. Chrétien maronite comme Joseph, il n'aurait garde de monter sur son mulet sans faire trois signes de croix: 1° pour que Dieu l'empêche de se laisser choir; 2° pour qu'il le préserve de toute attaque bédouine; 3° le troisième est un secret entre lui et Dieu.

Notre cuisinier répond au nom de Nadir. Il a servi des Européens à Beyrouth et ne parle le français que très-imparfaitement; du reste, bon et serviable garçon, il ne s'emporte que par boutades, et quand on le contrarie, sa colère s'envole avec son bonnet qu'il finit toujours par lancer sur le premier objet venu, quelquefois dans ses casseroles. Mais le sourire revient vite sur les lèvres de Nadir, qui ne demande qu'une chose: c'est qu'on le laisse à son gré diriger le ménage. Nadir est marié et père de famille; sa femme n'a pas quinze ans. Ce dernier trait me permet de dire quelques mots du mariage chez les Arabes chrétiens ou musulmans, particulièrement chez les Fellahs ou paysans. Certaines images scripturaires empruntées aux noces en seront mieux comprises, et l'on verra comment l'Évangile se trouve confirmé dans ses moindres détails par les usages du pays qui vit naître le Sauveur.

Le paysan turc est généralement pauvre. Quand il veut se marier, il verse entre les mains de son futur beau-frère, à titre de bagchich, une somme de cinq mille piastres (mille francs environ). La cérémonie est précédée d'un contrat passé devant le juge par lequel le futur s'oblige à fournir sa femme de tout ce dont elle a besoin, puis le couple se rend à la mosquée pour y entendre les prières de l'iman; après quoi chacun des deux mariés retourne chez lui suivi de ses invités. Quand le soir arrive, les amis de l'époux l'accompagnent à la demeure de sa femme, afin de lui faire cortége pour la conduire dans sa nouvelle maison. Le nouveau couple s'avance entre deux haies de curieux, munis de flambeaux qui rappellent les lampes des vierges, et sur le minuit, quand les conviés sont installés, la porte est fermée, les chanteurs élèvent la voix, et si quelque curieux attiré par le bruit essayait d'entrer dans la salle des noces, il ne le pourrait faute d'être entendu.

Selon l'habitude arabe, la femme doit être debout à deux heures du matin pour moudre le blé, pétrir la pâte, courir au bois, allumer le four, afin que le seigneur du lieu jouisse du pain frais à son réveil.

Pendant la lune de miel, l'homme se lève en même temps que sa femme, et sans lui épargner une heure de travail, lui chante pour la distraire ses plus savantes mélodies. Bientôt, hélas! elle sera seule éveillée, son mari ne se souviendra plus des premières heures de son bonheur! Bienheureuse est la femme chrétienne! Les Fellahs n'épousent qu'une femme pour plusieurs raisons; la principale, c'est qu'ils ne sont pas assez riches pour en avoir deux. Les Arabes mieux favorisés de la fortune n'en ont qu'une généralement, parce qu'ils savent que la paix du ménage se ressentira du contact de plusieurs blanches et de plusieurs noires mêlées. Les noces des riches se font avec plus de pompe et d'éclat, mais le cérémonial reste le même pour tous, sauf quelques variations dans la durée des fêtes et dans leur organisation.

Mardi, 5, et mercredi, 6 avril.

Nos chevaux ne se plaindront pas de la fatigue aujourd'hui : quatre heures de marche au milieu de prairies, qui pour être vertes et fleuries n'en sont pas moins monotones. Notre impatience a son excuse dans la lenteur de nos moukres qui nous font perdre un temps précieux; elle est surexcitée par la vue du Thabor dont la cime nous apparaît dans un flot de nuages. Nous foulons la terre d'Achab et la plaine de Jizréel. Au milieu des grandes herbes, qui se balancent à la brise du soir, sont plantées les tentes d'un campement bédouin. Nous allions nous mettre au lit quand Joseph, la figure effarée, se précipite sous la tente: « Messieurs, les moukres disent qu'il y a des léopards. Les Bédouins ont perdu plusieurs moutons. » George saisissant un fusil voulait partir sur l'heure pour les chasser; je parvins à lui faire entendre que, la lune ne donnant pas, la nuit serait noire et les animaux invisibles. Il se rendit avec peine à mes raisons. Sur le matin nous nous mettions en route tous les deux, suivis de notre drogman très-effrayé et d'un garçon très-insouciant. Joseph murmure entre ses dents: « Laissons les Bédouins chasser les léopards; nous autres, nous n'avons pas de moutons à défendre. *Enfin, voilà, c'est bien!* » Ces trois interjections sortent de sa bouche toutes les fois qu'il est sûr que son avis ne sera pas écouté. Nous traversons le campement des Bédouins dont les tentes, en poil de chèvre, sont toutes noires. Nous tenons tête à leurs chiens dont les dents sont très-longues, et nous les gratifions d'une volée de coups de fouet qu'ils acceptent avec étonnement et en hurlant. Nous gravissons le Carmel par un des côtés les plus escarpés de la montagne. Nous sommes obligés, pour ne pas rouler en arrière, de nous cramponner à la crinière de nos chevaux, exercice très-fatigant pour l'animal et pour celui qui le monte. Nous traversons des fourrés de chênes blancs, de chênes verts, de lilas, de myrtes, d'aubépines, en pleine fleur. Nous foulons un tapis de marguerites, d'anémones, de jonquilles, de bluets, de myosotis, vaste mer aux nuances les plus délicates, se balançant au souffle du vent qui transporte dans la plaine les parfums de la montagne. A chaque minute nous poussions des cris d'admiration : « C'est splendide ! c'est merveilleux ! » interrompus par notre drogman, dont le front ne se déride pas, et qui redit avec une ardeur désespérée : « Pourquoi chasser les léopards ? nous autres, nous n'avons pas de moutons à défendre. *Enfin, voilà, c'est bien !* » Le pauvre Joseph tourne de toutes parts un œil inquiet, comme si la bête maudite allait surgir des ondes fleuries. Enfin, nous sommes à *El-Esfieh*. Nous demandons le cheik du village, on nous conduit à sa demeure. Après les salutations d'usage nous pénétrons dans une salle assez propre au rez-de-chaussée. Sur une étagère, cinq ou six matelas attendent la nuit en compagnie de quelques tapis. Des nattes en paille couvrent le sol et supportent trois Bédouins silencieux qui nous contemplent, en jetant par la bouche et par le nez des torrents de fumée qu'ils tirent de leur chibouc. Quatre chaises occupent les quatre angles de la chambre. Un serviteur nous apporte du café. Nous interrogeons le cheik : « Y a-t-il des léopards dans la montagne ? — Oui, mais il faut des chiens pour les atteindre. — Pouvez-vous nous prêter des chiens ? nous donnerons un bon bagchich au maître. —

Nous n'avons pas de chiens, les jeunes gens les ont emmenés avec eux. — Où? — A la chasse. — A quelle chasse? — A la chasse aux ours. » Ici Joseph intervient. « Voyez-vous, Messieurs, c'est impossible... Nous autres, nous n'avons pas de moutons à défendre, laissons tranquilles les léopards. » George le regarde de travers. Joseph redit alors : « *Enfin, voilà, c'est bien!* » Le cheik nous quitte et revient au bout de quelques minutes avec un grand gaillard, teinturier de son état, qui nous est présenté comme un chasseur déterminé. « Voici mon fils, nous dit le chef, il vous conduira jusqu'au couvent du Carmel, en battant les broussailles, peut-être rencontrerez-vous un léopard. — Connaît-il leur repaire? — Les léopards n'ont pas de repaires, ils circulent dans la montagne. — Eh bien, partons. » Notre guide s'élance sur un cheval blanc, jette un long fusil sur ses épaules, et nous mène à travers fourrés, ravins, broussailles, montées et descentes, de manière à désarticuler un athlète. Nous entendons une voix derrière nous qui murmure : « Pourquoi ne suis-je pas resté à Beyrouth? *Enfin, voilà, c'est bien!* » Notre guide s'aperçoit vite de la frayeur de notre Joseph, et, chemin faisant, il nous fait traduire par lui des histoires à lui faire dresser les cheveux sur la tête. Là, des Bédouins dépouillèrent un malheureux voyageur et le réduisirent à implorer la pitié des Français alors à Saint-Jean-d'Acre, dans un costume qu'on ne décrit pas. Ici des ours (lisez des sangliers) tuèrent cinq chiens et éventrèrent un homme. Joseph ne peut plus se contenir : « Messieurs, croyez-moi, laissons les léopards; nous autres, nous n'avons pas de moutons à défendre. *Enfin, voilà, c'est bien !* » Après quatre heures de recherches infructueuses notre guide s'arrête et nous assure que la proximité du couvent nous ôte toute chance de rencontrer autre chose que des hommes et des perdreaux. Joseph reprend aussitôt sa première intrépidité. George essaye de se rattraper sur ce dernier volatile et réussit à faire buisson creux. Nous suivons alors la crête du Carmel, et Joseph marche d'extase en extase. Devant nous, la mer immense, sur laquelle se balance mollement le goëland au blanc plumage, derrière nous les montagnes de la Samarie et dans l'horizon brumeux perdues dans l'immensité les montagnes de Moab, à notre gauche *El-Mourakah*, l'emplacement traditionnel où le prophète Élie confondit les prêtres de Baal. A notre droite le Thabor à la cime arrondie, à nos pieds, la plaine d'Esdraëlon et le kichon desséché. Sur nos têtes à des hauteurs inouïes, les vautours aux ailes étendues volent majestueusement. Je comprends ici le lyrisme d'Ésaïe[1], le haineux Achab, l'altière Jézabel, l'implacable Jéhu, la figure d'Élie, se courbant avec douleur sous

---

1. Ésaïe, XXXII. 16; XXXV. 2. 12 et 13. — Cantique des Cantiques, VII, 5, etc.

l'orage qui gronde, élevant la tête et s'épanouissant au premier rayon du soleil, m'apparaissent comme aux jours des Rois[1] avec leurs passions, leur incrédulité, leur ardeur guerrière, leur invincible foi. Je les retrouve tels que la Bible nous les offre, forcés de plier les uns et les autres sous la volonté souveraine de Dieu. Dans les sommets vaporeux du Thabor, j'entrevois un doux et pur visage, empruntant à sa miséricorde une sérénité triste qui contraste avec le rude aspect des premiers personnages. C'est l'homme de douleur, et qui sait ce que c'est que la langueur! Ce n'est plus un Dieu s'entourant d'éclairs, se révélant au fracas du tonnerre, c'est le bon berger qui donne sa vie pour ses brebis. Ce n'est plus l'ouragan glacé qui suit l'orage, c'est le soleil de justice qui porte la santé dans ses rayons. Ma vision s'arrête au couvent. Il est fort ancien; selon les moines, il daterait d'Élisée qui reçut d'Élie la jouissance de sa grotte. Les historiens latins nous apprennent que l'empereur Vespasien, sacrifiant sur un des autels du mont Carmel, reçut de la bouche d'un prêtre l'assurance de la grande fortune qui l'attendait. A côté du souvenir païen nous aimons à trouver celui du pays. En 1799, le couvent servait d'hôpital à nos soldats pendant le siége désastreux de Saint-Jean-d'Acre. Après la retraite des Français il fut ravagé par les Turcs, et les blessés furent tous massacrés;

---

1. I Rois, XVIII. 21, 40. — II Rois. IV. 22.

relevé par le frère Jean-Baptiste, il sert d'asile à tous les étrangers sans distinction de croyance ou de patrie. Des terrasses du monastère, la vue plonge sur la vaste mer, Saint-Jean-d'Acre, le Liban, les montagnes de la Galilée. L'église occupe le centre de l'édifice. Le maître-autel est placé sur la grotte d'Élie; le prophète s'y réfugia pour fuir le courroux de Jézabel. Je demandai au moine qui nous accompagnait si la grotte était bien authentique: *On le dit, Seigneur.* Je n'ai pas obtenu d'autre réponse. On nous a logés dans des chambres très-spacieuses, dont les fenêtres grillées défient toute attaque extérieure. Nous étendons nos membres sur des matelas qui, pour la première fois depuis un mois, plient sous le poids de nos corps. L'hospitalité des moines est gratuite, mais ils reçoivent volontiers un reconnaissant bagchich.

LA GALILÉE.

CHAPITRE XVI.

Du Carmel à Nazareth. — Kaïffa. — Les montagnes de Nazareth. — Nazareth. — L'église de l'Annonciation et le duc de Modène. — Les reliques. — Le Thabor. — Une halte chez les Bédouins. — Tibériade.

Jeudi, 7, et vendredi, 8 avril.

Nous avons dit adieu aux bons frères pour nous diriger vers Kaïffa, ville phénicienne prise par Tancrède, aujourd'hui réduite à 2,000 habitants; l'intérieur en est sombre et triste, malgré l'éclat d'un brillant soleil. Son principal mérite consiste dans ses agences consulaires et dans la présence des paquebots autrichiens, qui viennent y toucher tous les quinze jours. Nous y déposons nos lettres, et laissant derrière nous des palmiers, des cactus, nous traversons une grande plaine soigneusement labourée, un marécage boueux, non sans nous y crotter jusqu'aux oreilles, bêtes et gens. Nous gravissons un monticule pour aller déjeuner sous un grand chêne auprès d'un sordide village, préférant les ardeurs d'un soleil dévorant au voisinage de musulmans, dont la propreté nous est trop connue. Nous échangeons bientôt notre colline boisée contre des défilés très-pierreux qui nous conduisent au sommet d'une montagne, parsemée de plantes sauvages, et soudain Kaïffa et le Carmel réapparaissent dans toute leur splendeur, rehaussée par les feux d'un magnifique soleil couchant. La mer toujours immobile attend en paix l'ordre de Dieu, pour soulever ses vagues écumantes, et les aigles planent sur nos têtes à des hauteurs que les élus seuls dépasseront un jour.

Sur le versant de la montagne quelques blanches maisons, gracieusement groupées, font battre notre cœur d'une pieuse émotion. Nous saluons Nazareth. La voilà donc la bourgade méprisée, celle dont on a dit comme un défi jeté à Dieu: «Que peut-il sortir de bon de Nazareth?» Certes à ne la considérer qu'à vues humaines, le dédain juif se comprend: écrasée sous les pratiques extérieures, l'âme de ses habitants s'était endormie d'un lourd sommeil; mais dans l'échoppe du charpentier Joseph se cache son libérateur. C'est de là que va sortir le premier rayon de soleil qui bientôt dominera le monde, les aveugles se riront de lui, les incrédules fermeront les yeux pour ne le point voir, et feront effort pour empêcher les autres de le contempler, de peur qu'à sa lueur accusatrice, la noirceur de leur âme ne révèle la cause unique de leur incrédulité. Ils essayeront bien de le clouer sur la croix, de l'ensevelir sous la terre, mais il triomphera des entraves de la croix, il secouera la poussière du sépulcre et s'élèvera glorieusement pour verser du haut du ciel des torrents de lumière sur ceux qui le blasphèment ou qui le glorifient. Les maisons de Nazareth sont bâties en pierre et surmontées de terrasses; les figuiers, les cactus, les oliviers lui servent de verte ceinture et *la fontaine de la Vierge* fait couler dans ses murs une eau limpide et très-fraîche. Nous campons au pied d'une colline dominée par le tombeau traditionnel d'Ismaël. Nous pénétrons dans l'église de l'Annonciation où les Latins conservent la cuisine de la Vierge, sans compter d'autres souvenirs d'une authenticité tout aussi certaine. Un chœur d'enfants, soutenu par les accents graves de l'orgue, chante les louanges du Christ avec beaucoup d'ensemble et d'élan. Sur un vieux fauteuil d̸◼◼é comme son titre, mais à la place d'honneur◼◼x-duc de Modène, la tête dans ses deux mains, un cierge énorme devant lui, les yeux fixés sur son missel, paraît suivre avec piété l'exercice de son culte. Bientôt, l'organiste se lance dans des triolets impossibles qui contrarient mon édification. Je n'étais pas venu là pour entendre un air de danse, pour admirer quelques colonnes. Ce qu'il fallait au besoin de mon cœur, c'était de retrouver Christ et de suivre pieusement ses traces; j'ai quitté l'église et parcouru la ville après avoir lu sa parole avec mes amis. C'est elle qui nous a guidés ; elle a dirigé nos pas en ses sentiers, fait battre notre cœur sans avoir besoin d'accroître notre émotion par la vue d'objets dont elle ne dit rien. Cette femme qui balaye sa chambre, ce berger conduisant son troupeau, ces jeunes filles et ces enfants occupés dans le champ voisin à séparer l'ivraie du froment, parlent plus à mon âme que toutes les *fontaines de Marie* et toutes les colonnes de l'ange Gabriel. Ces costumes où rien n'est changé, ces habitudes restées les mêmes à travers dix-huit siècles, servent plus à l'affermissement de ma foi que les divers cantonnements de l'église et les restes douteux du tombeau d'Ismaël. Je ne tiens à la matière qu'autant qu'elle confirme l'esprit, et c'est tuer l'esprit et l'écraser sous la matière, que d'offrir, ne fût-ce qu'à la vénération de tous, des objets que l'Écriture ne juge pas dignes de figurer dans ses pages.

Je me souviendrai toujours de Nazareth avec émotion. C'est là que le Sauveur a grandi, travaillé, donné l'exemple de la soumission à la volonté paternelle. Nous respirons l'air qu'il respira, nous pouvons voir de nos yeux les progrès accomplis par son œuvre et comprendre l'erreur dans laquelle sont tombés ceux qui voudraient l'amoindrir en l'étouffant sous des fleurs.

On a dit que Jésus devait aux beautés naturelles semées sous ses pas, son développement moral et le prestige de son nom. Comme si le mot *Galiléen-Nazaréen* n'était pas dans la bouche de ses contemporains une épithète injurieuse! C'est lui qui remplit sa ville de son souvenir, c'est à son esprit survivant à toutes les attaques du dedans et du dehors que le pays qu'il honora de sa divine présence, doit la vie et l'entrain qui l'animent encore aujourd'hui. Faites disparaître le Christ, vous ne verrez dans Nazareth qu'un assemblage d'échoppes, qu'un peuple prompt à courber l'échine sous la verge, à genoux devant un écu, remarquable par son ignorance et par son indifférence pour toute beauté physique ou morale.

Nous coreligionnaires l'ont compris, et le gendre même de M. Gobat, missionnaire à Nazareth, répète à qui veut l'entendre: «Dieu est Esprit et il faut que ceux qui l'adorent, l'adorent en esprit et en vérité[1].» Pour ma propre édification, j'ai relu les Saintes Lettres et me suis endormi joyeusement ayant foi dans cette parole: «Il n'y a plus de condamnation pour ceux qui sont en Jésus-Christ[2].»

La route de Nazareth au Thabor traverse des collines boisées et des champs de blé touffus. Les fleurs se disputent la montagne et font revivre la parole des disciples: «Il fait bon ici, plantons-y trois tentes, une pour toi, une pour Moïse et l'autre pour Élie.» Quel soulagement on éprouve à respirer cet air pur et embaumé! Devant nous se dresse le Garizim; le

---

1. Jean, IV, 24. — 2. Rom., VIII. 1.

village de Naïn, pays de la veuve désolée, si miraculeusement secourue, et celui d'Endor, illustré par la défaite de Sisera. C'est là que les serviteurs de Saül trouvèrent la pythonisse qui devait évoquer l'ombre de Samuel, et que fut rendu l'oracle du prophète, dénonçant au roi terrifié le démembrement de son empire comme châtiment de Dieu[1]. Le panorama du Thabor n'est pas comparable à celui du Carmel; Nazareth est caché par un pli du terrain et nous descendons par une pente rapide, sans avoir eu la joie de lui dire un dernier adieu, mais nous sommes heureux de ce pèlerinage. Si nous n'avons pas gravi le Sinaï, ce mont du Tonnerre où les Juifs pouvaient lire la loi divine à la lueur des éclairs, si nous n'avons pas éprouvé ce tremblement de l'âme en présence du Dieu vengeur, nous avons ressenti sur le mont du Calvaire cette émotion reconnaissante de tous les chrétiens, qui plonge ses racines dans un cœur pardonné, et sur le mont Thabor nous avons éprouvé, plus que par le passé, la nécessité de progresser dans la vie. Le souvenir de la Transfiguration suffit à nous préoccuper du renouvellement radical de nous-mêmes. Il redit à sa façon la parole du Christ à Nicodème : « Si un homme ne naît de nouveau, il ne peut entrer dans le royaume de Dieu. »

Joseph nous conduit chez Akil-Agah, chef de Bédouins, gardant à l'endroit de la Turquie certaine

---

1. I Samuel, XXVIII.

rancune de vieille date qui le rend l'ami des étrangers et particulièrement de la France. Plusieurs versions circulent sur son inimitié musulmane. Je me suis laissé dire qu'il avait été emprisonné, ses biens confisqués pour un motif ou pour un autre et qu'il en était venu de grief en grief à haïr le sultan d'une haine parfaite. Akil-Agah a rendu des services à nos compatriotes qui, par reconnaissance, ont attaché sur sa poitrine la croix de la Légion d'honneur. Nous sommes reçus par son fils, jeune garçon de douze à quatorze ans. « Mon père est absent, mais un de ses hommes va vous mener jusqu'à lui. » Comme il disait ces mots, Akil-Agah débouche dans la plaine avec une escorte d'une trentaine de cavaliers armés de lances et caracolant sur des chevaux fougueux. Nous entrons alors sous sa tente, semblable à l'extérieur à toutes les autres, mais garnie à l'intérieur de magnifiques tapis rangés parallèlement de façon à permettre aux serviteurs de circuler sans être gênants pour les invités. Nous nous levons pour lui faire honneur ; d'un geste plein de grâce et de noblesse, il nous salue en portant les mains sur son cœur et à sa tête, puis nous désigne un divan sans ajouter une parole et ne s'assied lui-même qu'après nous avoir installés commodément. Le cheik a un air grand seigneur qui nous frappe ; plusieurs, cités pour la courtoisie de leurs manières, placés à ses côtés, perdraient beaucoup à la comparaison. Son fils s'approche, s'agenouille devant lui, lui baise les mains avec respect et sur un geste de son père s'accroupit à ses côtés. Akil-Agah ne souffle mot, sinon à son secrétaire, qui écrit sur sa main. Un chef arrive; Akil-Agah se lève, le baise sur l'épaule et lui cède sa place. *Salam Alekum*[1], nous dit gravement le nouveau venu en portant la main sur son cœur: « La paix soit avec vous! » C'est la parole même du Maître qui sort de la bouche de l'infidèle. J'aime le salut oriental, il est plus grave que le nôtre; nous disons adieu, bonjour, bonsoir avec un air de n'y pas penser auquel on ne prête nulle attention; l'Arabe a dans ses paroles plus de dignité que nous. Jamais son souhait n'est banal: « Que votre matin soit béni. Que votre soirée soit heureuse. La paix soit avec vous! »

Notre Bédouin continue à ne pas desserrer les dents; il s'occupe à faire sonner sur une pierre des pièces d'or pour s'assurer qu'elles ne sont pas fausses; pendant ce temps le café circule; le cheik est servi le dernier. Après l'avoir bu nous prenons congé, tous les convives se lèvent y compris Akil-Agah. Nos échangeons nos saluts et nous nous éloignons enchantés de notre halte.

La route que nous suivons n'offre aucun intérêt. Le pays est cultivé; les champs semés de blé, coupés par des ruisseaux qui les fertilisent, nous feraient

---

1. La traduction littérale de *Salam Alek* est: Paix avec toi.

assez croire que nous sommes en Europe, si de temps à autre quelque indigène ne venait par son costume et sa langue faire cesser notre illusion. Nous parvenons au sommet d'une colline et le lac de Tibériade nous apparaît dans tout son éclat. Nous nous arrêtons silencieux et émus pour le contempler. C'est à peine si des vagues imperceptibles viennent murmurer au travers des cailloux du rivage. Le soleil avant de disparaître dore les cîmes de l'Hermon aux neiges éternelles. Des montagnes moins élevées semblent sous la protection de ce géant qui, selon la parole biblique[1], « s'unit au Thabor pour se réjouir en Dieu. »

La ville de Tibériade est restée juive par le nombre de ses habitants : elle en renferme 3,000 environ. En 1837, un tremblement de terre creusa d'immenses lézardes dans les murs de la citadelle, les fit crouler en plus d'un endroit tellement, qu'aujourd'hui nous pouvons entrer dans la ville par ses brèches sans passer par la seule porte qui reste intacte à côté d'une mosquée ruinée. Sur le rivage du lac, à l'endroit même, nous dit la tradition, où Jésus accomplit le miracle de la *pêche miraculeuse*, s'élève une petite église avec son presbytère. Un moine de Nazareth l'habite et la dessert. La présence des juifs à Tibériade a deux causes : la venue du Messie qui doit apparaître dans ce pays dévasté pour aller ré-

1. Psaume LXXXIX. 13.

gner à Safed, et les tombes des grands rabbins qui dorment sur un plateau voisin de la cité. Tous les matins et tous les soirs les juifs viennent relire les pages inspirées de l'Ancien Testament et verser des larmes sur leur gloire éclipsée. Après la destruction de Jérusalem, les juifs firent de Tibériade le centre de leurs réunions. C'est de là qu'est venu le Talmud, connu sous le nom de Talmud de Jérusalem. Les écoles rabbiniques fleurirent à Tibériade et alimentèrent les synagogues en Orient. Mais de tous ces souvenirs aucun ne l'emporte sur le Christ. Qui se souvient aujourd'hui de Judah Hakkrodech, de Jochanan, d'Akiba, de Maïmonidès? Quelques hébraïsants à peine! Quel est donc le petit enfant qui ne connaît pas Jésus le Galiléen? Tandis que d'un côté tout s'évanouit et passe, de l'autre tout grandit et s'étend. Ce n'est pas une appréciation, c'est un fait. Je laisse à mes lecteurs le soin d'en faire l'application.

CHAPITRE XVII.

Les bords du lac de Tibériade. — Le mont des Béatitudes. — Les villes maudites. — Capernaüm, Chorazin, Bethsaïda. — Magdala, Safed, Kédès, Méis-el-Djebel. — Quelques lignes de Dickens. — Le pays de Nephthali. — Césarée de Philippe. — Souvenirs bibliques.

Samedi, 9 avril.

Nous jouissons à notre lever d'un coup d'œil incomparable. Le lac, semblable à un miroir irréprochable, reproduit dans ses ondes transparentes les nuages qui semblent se poursuivre et comme se jouer autour du soleil. Nous montons à cheval et suivons lentement la rive occidentale jusqu'au moment où le Jourdain quitte le lac pour aller rejoindre la mer Morte. Quelle douceur et quelle paix sur ces bords à l'émouvant souvenir! C'est l'endroit incontesté de la pêche miraculeuse, c'est plus que cela[1] : « Et ouvrant sa bouche il les enseignait en disant : Bienheureux sont ceux qui pleurent, car ils seront consolés ; heureux ceux qui procurent la paix, car ils seront appelés enfants de Dieu. Heureux ceux qui sont persécutés pour la justice, car le royaume des cieux est à eux. » Comme ces paroles devaient

1. Matthieu, V.

résonner délicieusement aux oreilles et remuer le cœur des pauvres, des affligés et des simples! Les montagnes, touchant au lac, s'étendent comme un vaste amphithéâtre et font très-bien comprendre comment Jésus a pu monter sur une barque pour s'adresser aux foules entassées. Je ne pouvais me détacher du mont des Béatitudes. J'aime avec passion le Ve chapitre de saint Matthieu. J'ai pris plaisir à le repasser, assis sur une pierre du chemin. J'ai retrouvé mon Seigneur et mon Dieu tel qu'il était aux jours de sa chair; sa voix s'élevait dans le silence, et la figure attentive des disciples m'apparaissait pour recueillir, afin de nous les transmettre, les paroles de sa bouche.

A mes côtés, quatre sources d'eaux thermales poussent vers le lac un ruisseau fumant qui répand à l'air une odeur de soufre, et l'unique barque de Tibériade fait glisser sur les flots des touristes anglais. J'entends d'ici leurs éclats de rire et leurs propos sans qu'ils aient besoin d'élever la voix, et je m'assure ainsi que le Christ pouvait, sans forcer la sienne, atteindre le plus éloigné de ses auditeurs.

Dans l'après-midi nous avons parcouru la bourgade; elle est malpropre malgré le jour du sabbat qui montre les habitants dans leur plus beau costume et les maisons dans leur meilleur état. Des femmes sur le seuil de leur porte relisent la loi avec une incroyable ardeur, sans se douter que la grâce est à leur côté toujours prête à se donner. Vieillards, jeunes gens, jeunes filles, circulent dans leurs plus beaux atours, c'est l'heure de la prière, la synagogue va s'ouvrir. Les femmes ont une beauté d'expression dont je n'ai jusqu'ici trouvé nul exemple. Elles marchent voilées le plus souvent, mais elles se découvrent devant les hommes, non par coquetterie et pour laisser admirer leur figure, mais pour montrer qu'elles ne sont pas musulmanes. Le temps s'obscurcit, nous regagnons prudemment notre tente, envahie par une légion de moustiques et de mouches: c'est le fléau du pays.

Dimanche, 10 avril.

« *Malheur à toi, Capernaüm! Malheur à toi, Chorazin!* car si les miracles qui ont été faits au milieu de toi eussent été faits à Tyr et à Sidon, il y a longtemps qu'elles se seraient converties en prenant le sac et la cendre. »

Nous sommes allés au sermon ce matin sur le dos de nos chevaux, et nous avons entendu un bon sermon, je vous assure. Pour avoir traversé dix-huit siècles, il n'en est ni moins éloquent ni plus caduc. Personne n'était là pour le prononcer et cependant nous étions émus. C'est qu'il était réel, vivant, palpable. Il n'y avait ni périodes cadencées, ni phrases bien alignées, ni grands mouvements oratoires, le plus ignorant pouvait le comprendre, et le plus endurci des incrédules, comme le croyant le plus inébranlable, n'aurait pu ni le réfuter ni s'empêcher de faire un retour sur lui-même pour sentir sa petitesse en présence de l'infaillible justice de Dieu.

Vous connaissez le texte du discours : je l'ai transcrit au début de cette journée. Le prédicateur invisible qui nous édifiait dans le silence, c'était Jésus lui-même et le sermon, les ruines de Chorazin et de Capernaüm. Le plus bel éloge qu'on en ait fait est sorti de la bouche de Géorge. « Où est Chorazin ? » disait-il ; et son pied foulait au moment même les ruines de l'antique ville, tellement éparpillées, que les archéologues devenus impuissants malgré leur science sont en complet désaccord sur son véritable emplacement.

Pourtant les villes maudites n'étaient ni moins bien situées ni moins parcourues que Tibériade. L'éclat dont elles brillaient, la beauté sans pareille de leurs environs, ont fait dire à l'incrédulité moderne que le Sauveur devait à cette riche contrée ses meilleures inspirations. Pauvre théorie qui fait sortir l'idée du terroir comme une plante que le matin voit naître, que le midi voit fleurir, et qui penche sa tête alourdie sur sa tige privée de séve pour mourir à la fin du jour. Pour moi, je sais bien une chose, c'est que Jésus a commandé à cette nature dont on prétend qu'il relève et que les eaux du lac, comme les murs des villes, ont obéi à ses lois. Capernaüm est anéanti sous un figuier, au pied de rochers énormes coule une source abondante qui va se perdre dans la plaine. Dévastation, désert, marécages, tristesse et malédiction, voilà ce que j'ai vu, ce que j'ai ressenti dans ces parages désolés. L'herbe a crû sur des ruines, les broussailles les ont recouvertes et les lauriers-roses de la rive, qui ceignent le lac d'une couronne glorieuse, font ressortir avec plus d'éclat les enseignements de la mort. Cette incapacité de l'homme à retrouver les restes du passé, à désigner infailliblement ce qui naguère était connu de tous, ne confirme-t-elle pas la parole de Dieu?

Le cœur se serre à la vue de cette malédiction, poursuivie jusqu'à l'extermination parfaite de toutes choses, aussi j'aime à placer à côté d'elle un souvenir aussi humble qu'il est consolant.

Dans un sol humide et marécageux se dresse une humble bourgade dont l'authenticité n'est contestée par personne. Une trentaine de huttes la composent, c'est la patrie d'une femme perdue, mais qui reçut de la bouche même du Christ l'assurance de son pardon, Marie de Magdala. Les Arabes et les Juifs lui donnent encore aujourd'hui le nom de *Megdel*. Magdala, debout au milieu des ruines comme un témoignage irréfutable de la fidèle assistance de Dieu, m'a réchauffé le cœur. Il a suffi de la foi d'une pauvre pécheresse pour illustrer son pays. Tibériade, Magdala, n'ont point été maudites par la souveraine parole du Sauveur, et la foudre, et les orages, et les tremblements de terre ont beau se déchaîner contre elles, la main des infidèles les redresse avec persévérance sans se douter qu'elle sert la volonté du Père. Capernaüm, Chorazin, Bethsaïda, les réprouvées, restent ensevelies dans la terre et personne n'en prend souci : l'ignorance même de leur situation ne prouve qu'une chose, l'accomplissement radical de la menace divine.

Nous venons d'atteindre Safed; nous y passerons la nuit. La ville ne possède que 4,000 habitants presque tous Israélites. Remarquable, au seizième siècle, par ses imprimeries et ses écoles rabbiniques, elle ne l'est plus aujourd'hui que par sa position. Située sur une haute montagne, elle permet à ses visiteurs, fatigués par l'aspect aride de la contrée, de reposer leurs yeux sur le lac de Tibériade et les montagnes qui l'avoisinent. Quant à Kédès et Méis-el-Djebel où nous camperons demain, si le premier fait revivre à nos esprits les grandes figures de Josué, Sisera, Jahel, Barak, Deborah[1], le second ne vaut même pas l'honneur d'une mention. Pour ne pas perdre tout mon temps, je veux noter ici quelques lignes de Dickens, qui me paraissent dignes d'être conservées[2]. Le romancier les place dans la bouche d'un vieux sergent qui les adresse à son filleul.

---

1. Josué, XII, 22; XIX, 37. — Juges, IV, 6, 10.
2. *Black House*, par Dickens.

« *Un jour viendra où les cheveux de ta mère blanchi-*
« *ront, et où son front sera creusé par des rides. Aie bien*
« *soin, pendant que tu es jeune, de pouvoir te dire alors:*
« *Je n'ai pas fait blanchir un seul des cheveux de sa*
« *tête, je n'ai pas imprimé sur sa figure une seule des*
« *rides qui s'y trouvent et que le chagrin aurait ren-*
« *dues si profondes. Car de toutes les pensées de ton âge*
« *mûr, enfant, ce sera la plus douce que tu pourras*
« *avoir.* » Le sergent se lève, pose l'enfant sur sa chaise, puis sort avec une certaine précipitation en disant qu'il va dans la rue fumer sa pipe un instant. J'aime ces paroles et cette émotion; si tous les romanciers de nos jours tenaient ce langage, on pourrait, sans se compromettre, laisser leurs livres sur sa table.

Le territoire de Nephthali, « rassasié jadis de la bienveillance de l'Éternel », purgé par Josias de l'idolâtrie qui le souillait, n'a rien conservé de son prestige. C'est un pays enchanté, quelquefois boisé, le plus souvent rocailleux; nos chevaux trébuchaient sur les pierres aiguës ou enfonçaient dans une terre molle d'où le blé sortait très-vert et très-clairsemé. Les souvenirs bibliques ne suffisent pas à faire perdre au pays ce qu'il a de monotone. Au sommet de toute montagne je distingue toujours le grand Hermon, dans la vallée j'admire le lac de Houleh. Mais ce panorama, toujours le même, finit par fatiguer un peu. Un seul point de vue me paraît digne d'une mention.

Nous venons de rejoindre le Jourdain et de le traverser sur un pont grossièrement construit, dont les pierres se disloquent en plus d'un endroit. La première arche est à sec, la seconde ne laisse couler qu'une rigole; mais sous la troisième, le fleuve se précipite en furieux sur des blocs gisant au fond de son lit; le soleil, qui se joue sur les eaux, les fait ressembler à des monceaux de glaces, qui se brisent et se résolvent en pluie aux mille couleurs. Le fleuve est bordé de saules et de lauriers-roses qui l'encadrent admirablement. J'ai profondément joui de ce gracieux tableau et de cette bonté de Dieu, qui sème à profusion ses merveilles jusque dans les lieux les plus ignorés. Quelques heures après nous sommes à Banias, l'antique Césarée de Philippe. Nous campons dans un bois d'oliviers et nos moukres, durant la nuit, font siffler des balles dans toutes les directions pour écarter les curieux plus ou moins intéressés que notre présence pourrait attirer et tenter. Les Guides du voyageur prétendent que les scorpions sont aussi nombreux que les voleurs dans ces parages, ce qui n'est pas peu dire. Joseph est de l'avis des Guides, mais le courage de notre drogman est connu. Banias n'est qu'une ruine encadrée de verdure; ce qu'elle a de plus remarquable, c'est l'une des sources du Jourdain et les grottes que des anachorètes ont décorées d'inscriptions latines et grecques. L'eau du fleuve n'apparaît pas sous les voûtes, on la pressent à la vase qui les tapisse et au sourd murmure qu'elle laisse entendre avant de sortir comme par miracle à quelques pas de ces dernières. Elle s'élance et court sur des cailloux au travers desquels elle s'infiltre et passe, elle les soulève parfois dans sa course rapide avec un bruit semblable à de joyeux éclats de rire. Les oiseaux qu'elle désaltère lui témoignent leur reconnaissance par leur doux ramage; de gros mûriers bien touffus les abritent. Quelques débris remarquables nous ont retenus un certain temps après le lever du soleil avant d'entrer dans la Syrie.

SYRIE.

CHAPITRE XVIII.

Un temple de Bahal. — Hasbeya. — La vérité sur les massacres. — Les Maronites. — Les Grecs schismatiques et unis. — Les Druses. — Le harem et le sérail.

Mercredi, 13 avril.

Le pays dans lequel nous entrons ne diffère point de celui que nous venons de quitter ; mêmes pierres sur les chemins, mêmes blés dans les champs jusqu'au village d'Hibbarièh. Dans un enclos qu'un laboureur parcourt à la suite de sa charrue et de ses bœufs, nous apercevons les ruines d'un temple de Bahal ; sa forme est carrée, ses dimensions sont énormes, les murs n'ont pas moins de 2 mètres d'épaisseur. Dans un angle de l'édifice, à la hauteur de l'œil, on distingue une salle basse percée à l'autre extrémité, de façon à laisser voir l'intérieur ; il est jonché de pierres et de décombres, le village tout entier nous entoure et nous contemple curieusement : nous nous prêtons de bonne grâce à cet examen, puis nous quittons sans regret ces vestiges superstitieux. Nous parvenons bientôt à Hasbeya, petite ville de 6,000 habitants, dont 5,000 sont chrétiens et 1,000 sont Druses. Les missionnaires américains y possèdent une grande église. Elle est de date récente, mais en pleine prospérité; de l'aveu même de ses adversaires, son champ de travail est moins parmi les Druses que parmi les chrétiens du rite grec.

La ville d'Hasbeya, construite en amphithéâtre au fond d'une vallée, est arrosée par un torrent et entourée de beaux champs de vignes et d'oliviers. On nous a fait voir du sang sur les murs de la ville, c'est un reste des derniers massacres. Avant d'entrer dans plus de détails, je désire ici faire justice de quelques erreurs nées de la confusion des sectes qui se partagent la terre musulmane.

Si l'on demandait à nos compatriotes quels ont été les victimes et les bourreaux dans les événements de la Syrie, nous entendrions affirmer invariablement que les opprimés étaient les *Maronites* et les oppresseurs les *Druses*. Il y a du vrai dans cette assertion, mais il y aurait injustice commise si l'on s'en contentait. Oui! les Druses ont plongé leurs mains dans le sang chrétien, mais ils n'ont été que les exécuteurs des hautes œuvres des Turcs. Quand les victimes, fuyant les égorgeurs, cherchaient le salut dans les forteresses, les soldats musulmans les laissaient entrer, les désarmaient, les rassuraient par de belles promesses; puis quand ils les voyaient bien inoffensifs, ils tiraient sur eux et les mitraillaient bravement sans risques ni périls. Les cadavres étaient jetés pêle-mêle dans les puits et le sang coulait par-dessus. Crime druse si l'on veut, mais crime musulman. Ce qui le prouve, c'est l'exécution de plusieurs des chefs turcs, demandée comme expiation par les représentants des puissances étrangères, témoin le pacha militaire de Damas, passé par les armes le lendemain des massacres.

Les victimes de Racheya, de Zachlé, d'Hasbeya ne comptaient dans leurs rangs qu'un nombre restreint de Maronites. Les Grecs unis ou non à Rome en formaient la majeure partie. Pourquoi donc faire entendre que les opprimés étaient tous Maronites? Je sais bien que ces derniers se rattachent plus directement au pape, mais je ne comprends pas que lorsqu'il s'agit de meurtre, il faille pour le déplorer s'assurer de la secte religieuse de la victime. Ce que je comprends encore moins, c'est qu'en donnant les chiffres des morts, on ait mêlé les Gres et les Latins pour les confondre ensuite sous le nom commun de *Maronites!*

Les secours venus de la France sont tous allés à l'adresse des chrétiens unis à Rome ; les autres, il faut le reconnaître, quelque douleur que cet aveu nous cause, ne nous doivent aucune reconnaissance par la simple raison qu'ils n'ont rien reçu.

Je déplore cet abandon de toute mon âme, parce que tout chrétien réformé doit pratiquer la parabole du bon Samaritain, parce qu'il doit souffrir de la voir sans application comme une lettre morte. Je regrette aussi qu'on ait compris les Grecs dans le nombre des victimes pour faire ressortir d'autant la nécessité de la charité quand on était fermement résolu de les abandonner dans leur détresse. Je ne veux pas me faire l'écho de détournements de fonds dont les distributeurs se seraient rendus coupables, ni risquer de ternir des réputations de sainteté qui s'amoindrissent singulièrement en Orient quand on s'approche d'elles; j'aime mieux rendre ici un témoignage public au zèle de nos consuls, qui ne sut calculer ni pour donner ni pour se donner. Je préfère livrer au respect public le nom de Davoud-Pacha, le gouverneur chrétien du Liban, dont l'honnêteté n'est égalée que par le dévouement, plutôt que de m'étendre plus longtemps sur un sujet qui provoquerait plus de découragement que d'espérance.

Les Maronites appartiennent à la communion romaine depuis l'an 1200, mais leur origine remonte plus haut. Jean, le Maronite, sorti du couvent de Hamah, vers le septième siècle, aurait réuni près de lui dans le Liban les chrétiens *monothélites* qui l'habitaient. On en compte aujourd'hui 150,000 dans la Syrie. Leur patriarche siége à Antioche. Leurs prêtres sont mariés à une seule femme; ils ne peuvent épouser une veuve ni se remarier. Ils célèbrent la messe en syriaque, dont ils ne comprennent pas le premier mot et communient sous les deux espèces. Ils vivent du produit de leur travail et de leurs messes, et sont d'une ignorance à toute épreuve. Leurs ouailles leur ressemblent de ce côté-là; bien peu savent lire, presque tous ne savent pas écrire. Tel est le clergé maronite.

Les Grecs nient la suprématie du pape et le dogme qui fait procéder le Saint-Esprit du Fils; leur nombre en Orient égale celui des Maronites. Le clergé peut se marier; il consacre l'Eucharistie avec du pain levé et dit la messe en langue grecque. Le schisme qui le sépare de Rome date du neuvième siècle. En 1439 un concile œcuménique réuni dans la ville de Florence essaya de le faire cesser, mais ne réussit qu'imparfaitement. Les Grecs et les Latins sont toujours en lutte; la moralité des uns et des autres laisse singulièrement à désirer. Quant à leur courage, le meilleur est de n'en rien dire.

Restent les Druses. Leur religion n'est point connue; j'ai questionné sans résultat positif les hommes qui les voient de près depuis des années. Ce qu'il y a de plus certain, c'est qu'ils ne sont ni musulmans, ni chrétiens, ni juifs. Les uns les font descendre d'Ismaël, sixième descendant d'Ali, cousin du prophète Mahomet, mort au milieu du huitième siècle de notre ère; les autres, d'un calife du onzième siècle, qu'ils regardent comme un Dieu incarné.

Les Druses sont plus courageux que les Chrétiens,

Maronites ou Grecs, plus chatouilleux sur le point d'honneur et souvent plus hospitaliers. Les moines chrétiens, surtout les Maronites, sont généralement tracassiers; placez à côté d'eux des hommes aussi peu endurants que les Druses sans cesse aiguillonnés par les Mahométans, et vous aurez la véritable cause des massacres du Liban. Avant de clore ce chapitre, je désire mettre une différence entre deux mots qu'on applique mal en France: le *sérail* et le *harem*. Le premier désigne uniquement le lieu de résidence du gouverneur, l'endroit où se rend la justice; les gens du *sérail* sont les gawas ou gendarmes à pied, les soldats et les zabtiés ou gendarmes à cheval. Le *harem*, dont le *sérail* n'est point le synonyme, désigne l'appartement des femmes. On confond à tort ces deux termes dans notre pays; il importait de faire cesser ce malentendu pour l'intelligence de mon récit.

CHAPITRE XIX.

Racheya. — Un orage dans la montagne. — Intérieur d'une maison de chrétiens grecs. — Une veuve et sa fille. — La route de Damas à Beyrouth. — Diligence et télégraphe. — Dimas.

Jeudi, 14 avril.

Nos amis nous quittent ce matin pour aller visiter les gorges du Léontès. George est indisposé, je lui tiens fidèle compagnie. Sur les dix heures du matin nous nous mettons en campagne, guidés par Nadir, notre cuisinier. A onze heures une pluie très-fine et très-pénétrante nous force à nous arrêter sous le feuillage de quelques arbres groupés en bouquets au fond d'un ravin ; nous nous accroupissons sur un tapis, et notre brave Nadir nous en jette un autre sur la tête qui nous recouvre entièrement. Nos deux corps ne présentent plus qu'une masse informe. La réflexion nous remet en selle, et durant deux heures nous recevons, sans désemparer, grêle, pluie et neige ; le ciel est noir sur nos têtes ; le vent, pourchassant les nuages, les force à s'entre-choquer, et le roulement du tonnerre et les éclairs, qui dans une seconde s'allument et s'éteignent, nous disent assez que l'orage durera longtemps. Des volées d'oiseaux vont en criant chercher dans la plaine un refuge plus assuré. Nos chevaux frissonnent et ruissellent ; nos grandes bottes, se remplissant d'eau, se transforment en réservoirs glacés. Nous sommes sans manteaux et transpercés jusqu'à la moelle, nos dents claquent, nos mains engourdies ne sentent plus les rênes, bien loin de les pouvoir tenir ; nos montures trébuchent sur des pierres qui se dérobent ou buttent contre les aspérités du chemin, puis enfoncent jusqu'au poitrail dans de larges flaques d'eau. Nous sommes aveuglés par la grêle et la pluie qui nous frappe au visage comme un million de pointes acérées. Il neige, il neige toujours, et les eaux commencent à rouler des sommets de la montagne. Tout à coup des sons assez discordants résonnent à travers l'orage. C'est un chant turc. Nous sommes rejoints par un détachement de bachi-bouzoucks qui regagne Racheya. Mieux équipé que nous, il nous dépasse. Mais le tonnerre gronde toujours, mais l'éclair déchire la nue, mais de quelque côté que nos yeux se portent, nous n'apercevons que des commencements de ténèbres, qui semblent avides d'envahir le ciel. Enfin, nous arrivons.

Pas de porte ouverte, pas de gîte, pas de feu. Nous nous abritons sous la devanture de quelques boutiques et nous descendons de cheval avec de pénibles efforts. Nous nous regardons, George et moi, tout en grelottant de notre mieux, et pendant que

Nadir nous cherche une demeure, nous parvenons à forcer l'entrée d'un moulin où nous buvons du café tout en frissonnant. Les maîtres de la maison nous contemplent avec étonnement. Nadir revient. Il nous a trouvé un asile chez un Grec, nos moukres sont en route, mais ils ne tardent pas à nous rejoindre, et nous nous trouvons bientôt dans des habits secs et un bien-être chaudement apprécié.

La maison que nous occupons a deux pièces principales. Nous coucherons dans l'une d'elles, l'autre est occupée par la famille. Nous sommes invités par les femmes à venir nous chauffer, et nous pénétrons alors dans une chambre assez spacieuse où quelques branches allumées entretiennent un peu de chaleur et beaucoup de fumée. Il n'y a pas de cheminée dans la salle, le feu brûle sur des pierres disposées à cet effet au milieu de l'appartement. Si la porte n'était pas ouverte, nous étoufferions et nous n'y verrions pas, car l'unique lucarne de notre réduit ne laisse pénétrer la lumière qu'à regret. Des tapis couvrent le sol, et sauf quelques couvertures, empilées dans un coin, un petit réchaud, une lampe de forme antique, la chambre serait nue; pas le plus petit ustensile de ménage, si j'en excepte la cafetière et les tasses. Nous sommes chez des chrétiens grecs, trois jeunes filles cousent près de la lucarne, la mère attise le feu tout en nous considérant, le père de famille nous questionne sur notre pays, nos mœurs, nos habitudes. Je remarque dans un coin de l'appartement une femme âgée qui dut être fort belle autrefois ; elle est accroupie et comme honteuse. Sa fille, une jeune enfant de dix à douze ans, collée contre elle, laisse une de ses mains dans celle de sa mère. Nous lui faisons raconter son histoire ; Nadir nous l'interprète dans un mauvais français qui ajoute à l'horreur du récit.

« *Cette femme, Messieurs, les Druses tout lui tuer, mari et trois enfants. Les Turcs planter baïonnette dans le cœur de sa fille.* — Et quelle est cette enfant qui se tient près d'elle? » La veuve nous contemple avidement en tenant son menton de sa main restée libre. « Cette enfant, c'est le sien, continue notre cuisinier. *Elle cachée pendant que père mort.* » La pauvre chrétienne la serre dans ses bras comme si nous voulions la lui prendre, puis, sa main, cessant de supporter sa tête, nous désigne le ciel et Nadir ajoute : « Les autres, là-haut! » Notre hôte a dû payer aux Turcs 2,000 piastres (400 fr.) pour avoir la vie sauve, ainsi que tous les siens, ce qui prouve une fois de plus la complicité du gouvernement turc. Nadir préfère les Druses aux Turcs. Je suis un peu de son avis. Le sang a donc coulé dans les rues de Racheya. La pluie l'efface tous les jours, reste à savoir si la justice divine n'en demandera pas un compte rigoureux.

Racheya renferme 3,000 habitants, possède une citadelle, autrefois habitée par des princes héréditaires d'une antique famille turque. Le village est environné de vignes, qui s'étalent sur le versant de la colline au sommet de laquelle il est bâti. Les oliviers y abondent, c'est du reste le seul arbre qu'on y remarque.

Vendredi, 15 avril

Avant de quitter Racheya par un temps brumeux, nous donnons notre pite à la pauvre veuve. Sur un ordre de sa mère, la petite fille nous a baisé la main. Pauvre enfant! puisse la tendresse de Dieu ne pas te rester voilée, puisse ton âme s'épanouir à la clarté du soleil de justice qui porte la santé dans ses rayons!

Nous sommes encore dans un pays de montagnes dominé par l'Hermon. Les quartiers de rocs n'ont de remarquable que la variété de leurs formes jusqu'à Deir-el-Achayr, village druse dont les masures sont construites à l'aide de pierres et de décombres provenant des restes d'un temple de Bahal. Des blocs, des fûts de colonnes sont dispersés dans la plaine.

La route de Damas n'est pas loin. Construite par un Français, M. le comte de Perthuis, elle relie Beyrouth à Damas. Il a fallu l'intelligence et la persévérance de notre aimable et spirituel compatriote pour mener à bien une entreprise contre laquelle luttaient les inégalités du terrain et la malveillance des maîtres du lieu.

Comme nous galopions dans la plaine, nous avons aperçu la jaune diligence attelée de cinq chevaux et conduite à fond de train, nous avons redoublé d'ardeur pour la voir de plus près. Sur le chemin bien uni elle roulait à notre grande joie, il nous semblait que cette diligence devait reconnaître en nous des amis.

De distance en distance, des poteaux supportent des fils électriques. Diligence et télégraphe, c'est l'Occident. C'est la civilisation prenant possession du désert. Vous partez de Beyrouth à quatre heures du matin, à quatre heures du soir vous êtes à Damas. L'échange des communications est facile, la mer dépose à Beyrouth les marchandises d'Occident, la diligence les transporte à Damas. Le télégraphe permet non-seulement aux commerçants de correspondre entre eux, mais il donne des ailes à la pensée et comme un éclair porte une idée d'un bout du monde à l'autre. Buffon disait: « La plus noble conquête que l'homme ait jamais faite est celle du cheval. » Je ne crois pas que notre naturaliste eût jamais tenu ce langage, s'il avait connu le télégraphe. Nous trouvons quelque plaisir à penser que c'est à l'un des nôtres que la Turquie doit ce progrès; nous souhaitons, pour l'honneur de notre pays, que d'autres routes soient créées et d'autres poteaux établis.

Nous campons à Dimas, c'est la dernière station qui nous sépare de Damas. Le village n'a rien de remarquable, mais les moukres ont l'habitude d'y passer la nuit, et nous sommes à la merci de ces messieurs.

CHAPITRE XX.

Les environs de Damas. — Souvenirs bibliques. — Le consulat de France. — Le quartier chrétien. — Maisons arabes et juives. — La grande mosquée. — De Damas à Balbeck. — Le temple de Jupiter. — Zachlé. — Les Jésuites et leur hospitalité. — De Zachlé à Beyrouth.

Samedi, 16, dimanche, 17 avril.

Après une nuit passée à Dimas, nous atteignons, en un temps de galop, la route poudreuse de Beyrouth; à droite et à gauche les grands peupliers inclinent en tous sens leur tête flexible; la Barada roule avec fracas ses flots verts encaissés dans un lit étroit. Le chemin devient de plus en plus riant, les aubépines, les sureaux, les saules agités par le vent, semblent nous saluer et nous souhaiter la bienvenue. Nous nous détournons un instant pour gravir une colline escarpée; parvenus au sommet, nous jouissons d'un incomparable panorama. Les jardins de Damas forment une oasis sans égale dans la vaste plaine. Des hauteurs où nous sommes, le feuillage touffu des arbres ressemble à un tapis naturel. Au centre est la ville, les minarets des mosquées s'élancent dans les nues comme pour porter plus haut les prières des hommes. A droite, le désert; à gauche, des villages; au fond, des montagnes perdues dans l'immensité. On rapporte que Mahomet, contemplant la ville du point où nous étions, refusa de poursuivre sa route et rebroussa chemin, suivi de son escorte, mais non sans dire une parole que les habitants du lieu n'ont garde d'oublier: *On n'entre pas deux fois en paradis.*

Rien de plus pittoresque que l'entrée de la ville, je veux dire la promenade qui longe ses abords. Elle est comme coupée en deux par la Barada; les deux rives du fleuve sont réunies par un pont construit par les messageries. Les femmes en vêtements blancs ressemblent assez aux jeunes filles de France suivant une procession; les hommes offrent une variété de costumes digne des *Mille et une Nuits.* Nous sommes entrés dans un café pour nous y rafraîchir; on nous a fait boire un sirop à la rose dont le goût rappelle assez la pommade sucrée. Druses, juifs, musulmans, chrétiens, moines d'Europe, se croisent, se heurtent, se regardent comme étonnés de se trouver ensemble. Nous campons, George et moi, dans un jardin sur la promenade, et le roulement de la voiture et les cris des passants nous rappellent un peu l'Europe et beaucoup ceux qui sont derrière nous.

Le dimanche nous paraît un peu long malgré notre culte de famille et la prière par laquelle nous nous unissons à l'Église universelle. Le souvenir de saint Paul nous édifie ; sa figure nous apparaît ici dans tout son éclat. Je retrouve ce persécuteur de l'Église, ce gardeur des vêtements des meurtriers d'Étienne, recueillant ici la bénédiction demandée par le martyr dans sa dernière prière : « Seigneur, ne leur impute point ce péché. » Nous avons relu le chapitre de sa conversion dans le Livre des Actes, et supplié la lumière divine qui l'atteignit sur le chemin, d'éclairer de ses feux divins ceux qui vivent encore sans croire à Jésus-Christ.

On conserve naturellement la maison d'Ananias et celle qui servit d'asile à l'apôtre des Gentils. Je ne crois pas à ces restes, et il m'était plus doux de lire ma bonne Bible que d'aller errer dans la ville à la poursuite d'objets impuissants à accroître la foi, bien loin de la pouvoir implanter dans une âme.

Lundi, 18 avril.

Le consulat de France, où nous avons trouvé le plus bienveillant accueil, mérite une mention spéciale ; le salon du consul est un vrai musée, et le boudoir de Mme H.... une merveille orientale. La photographie, au reste, n'a pas dédaigné de les reproduire. Le pavé du salon est en mosaïque, un grand bassin pourvu de son jet d'eau le maintient dans un état de fraîcheur incessant, des rideaux épais adoucissent l'éclat du jour. Les divans l'entourent, et des niches pratiquées dans la muraille contiennent des porcelaines du plus bel effet. Ajoutez à toutes ces richesses l'amabilité du consul et des siens, son esprit fin, sa conversation piquante, sans être méchante, et vous pourrez comprendre alors le bien-être du voyageur qui trouve, en pays étranger, la langue et ce je ne sais quoi qui unit les enfants d'une même patrie.

Nous avons fait une promenade à travers les jardins et les rues de la ville. Le quartier chrétien n'est plus qu'une ruine; nous marchions au travers des maisons écroulées qu'on reconstruit en hâte. Le sang coulait à flots dans les rues; on a cependant exagéré le chiffre des morts. Il a atteint trois mille âmes, mais ne l'a pas dépassé, quoi qu'on en ait dit. Pour ma part, je le trouve énorme. Voici un exemple authentique du courage chrétien.

Pendant les massacres de Damas, un jeune Druse de dix à quinze ans déclare, en brandissant un couteau, qu'il va tuer les chrétiens. Un Grec ou un Maronite, peu importe, se jette aussitôt à ses pieds en demandant grâce. L'enfant, tout étonné, lui plonge son arme dans la gorge et le tue. Cela fait, il se précipite, et la facilité du meurtre l'excitant, il poignarde, sans qu'ils songent à se défendre, dix ou douze chrétiens: le chiffre est authentique.

Trois hommes sont cités pour avoir rudement combattu; l'un d'eux a reçu quelques blessures insignifiantes, les deux autres ont échappé sans recevoir une égratignure.

Le drogman indigène du consulat de Russie a été coupé en morceaux. Pendant ce temps, Abd-el-Kader ouvrait sa porte aux victimes et menaçait les Turcs de brûler la ville, si son domicile était violé. Je ne crois pas qu'avec un ancien soldat comme le consul actuel, un pareil crime se renouvelle, il pourrait sinon dominer l'insurrection, du moins ôter aux Druses comme aux Turs l'idée, peut-être musulmane, qu'on peut tuer impunément.

Mardi, 19 avril.

Nous avons visité aujourd'hui deux maisons de la ville, l'une appartenant à un bey du nom d'Ali, l'autre à des juifs. La première ressemble assez à la seconde. Les divers corps de logis s'ouvrent tous sur une vaste cour, au centre de laquelle deux ou trois gros arbres et un grand bassin répandent la fraîcheur. De vastes chambres pavées de mosaïques, des plafonds richement ouvragés nous rappellent les descriptions de l'Alhambra. Tout a été disposé pour cet énervant *far-niente* que les Arabes appellent le *kief*. Le paradis du prophète est avant tout sensuel. Le repos qu'il offre aux élus est voluptueux. Les sectateurs de Mahomet sont préoccupés avant tout de le réaliser sur la terre.

Qu'il y a loin de cette torpeur à l'activité chrétienne! Le Christ seul a fait voir avec évidence un cœur tranquille au milieu des luttes terrestres, c'est pour cela qu'il définit la vie un combat, une guerre acharnée suivie d'un repos qui n'est pas l'immobilité, bien qu'il soit affranchi de toute fiévreuse agitation. Ce qu'il nous montre au bout de notre pèlerinage, après la mort, au delà du sépulcre que nous traversons en courant, c'est encore la vie, *la vie éternelle*. Le *kief* musulman, c'est l'oubli de sa propre pensée, c'est l'absence de toute préoccupation, c'est l'homme s'abîmant dans le bien-être matériel, se perdant dans des tourbillons de fumée, s'enivrant de *hachich* pour mieux s'anéantir dans des rêves voluptueux.

Le *harem*, voilà le premier degré du paradis mahométan. Je n'ai pu voir celui d'Ali-Bey, les femmes et les médecins sont seuls admis à y pénétrer.

Nous avons pris du café dans un salon meublé à l'européenne. Chaises, commodes, tables, verroteries du plus mauvais goût se le disputent dans un beau désordre. J'ajoute que le maître du logis est aimable; nous le quittons après une reconnaissante poignée de main et *bagchich* aux serviteurs.

La maison juive dans laquelle nous sommes entrés, ressemble de tout point à la première, seulement elle est littéralement inondée; la Pâque approche, on lave tout à grande eau. Les servantes, armées de seaux, nous jettent des torrents entre les jambes, et le maître de la maison ne dédaigne pas de mettre la main à l'œuvre. Une jeune fille parlant un mauvais français, nous sert de guide. La bibliothèque nous a vivement intéressés. Nous avons admiré des bibles manuscrites richement enluminées. Toutes portent les points voyelles. Elles viennent de Bagdad; elles datent d'un siècle à peine, de l'aveu de leur possesseur; il les conserve dans de riches étuis et les montre avec un bienveillant orgueil. Le temps est à l'orage; nous regagnons prudemment notre logis, remettant à demain les autres curiosités.

L'entrée de la grande mosquée, jadis formellement interdite aux étrangers, n'offre plus de difficultés. Le *bagchich* vient à bout de tout. Nous nous y rendons précédés des gawas du consulat; derrière nous marche un piquet de soldats, dont la présence suffit pour tenir en respect les mines farouches et haineuses qui nous entourent.

La mosquée de Damas est une ancienne église chrétienne portant le nom de Jean-Baptiste, restaurée par Arcadius, partagée plus tard entre les chrétiens et les musulmans et définitivement acquise à ces derniers au huitième siècle.

L'édifice intérieur est pavé de larges dalles de marbre, recouvertes de nattes et de tapis. Quarante colonnes d'ordre corinthien, parallèlement rangées, supportent la voûte. Un gracieux mausolée, surmonté d'une coupole, renfermant, dit-on, la tête de Jean-Baptiste, soigneusement conservée dans une cassette d'or, occupe le centre. Dans une chapelle séparée, les imans veillent d'un œil jaloux sur la tombe des fils d'Ali, qui dorment sous un riche catafalque. Nous chargeons un gawas de remettre notre offrande à l'un des gardiens. A peine l'avait-il reçue, que ses pareils se sont jetés sur lui. Les injures et les coups pleuvaient sans respect du lieu saint; nous nous esquivons au plus vite pendant que nos soldats se mêlent aux combattants : le maintien de l'ordre et le respect du temple paraissent leur causer moins de souci que le partage d'un *bagchich* auquel ils peuvent avoir droit.

Je ne puis quitter Damas sans avoir donné quelques détails sur sa population, détails qui pourront confirmer ce que j'ai dit plus haut, touchant les massacres de Syrie.

Les habitants sont au nombre de 170,000, comprenant 7,000 Grecs et 500 Maronites. Le chiffre est officiel comme la proportion. Nous possédons à Damas un beau champ de missions patronné par l'Angleterre. Les écoles des missionnaires jouissent dans le pays d'une bonne renommée. Le nombre des élèves s'accroît de jour en jour, et les prédications anglaises et arabes contribueront, nous n'en doutons pas, à faire avancer le règne de Dieu dans la ville et dans tous les cœurs.

Damas est un entrepôt très-mal tenu de marchandises splendides. Les rues sont étroites et sales, ses bazars sont vastes mais obscurs, des bandes de chiens hurlent et jappent à vous briser le tympan. La rue *Droite* est une ruine: c'est ici qu'Ananias vint baptiser saint Paul. S'il fallait nécessairement l'objet matériel à notre édification, nous risquerions fort de la voir compromise, elle viendrait trébucher contre les pierres qui gênent notre marche et risquerait de s'y briser; mais l'Évangile nous suffit. Ce n'est pas la relique qui nous élève jusqu'à lui, cette dernière lui est soumise; c'est par la foi que nous vivons, ce n'est pas par la vue. Les restes du passé nous sont précieux, ils ne nous sont pas indispensables. On peut leur appliquer la biblique parole: « La lettre tue, mais l'esprit vivifie. »

Jusqu'à Balbeck la route est monotone. La rivière Barada serpente à travers champs, et les noyers, les saules, les peupliers rangés à droite et à gauche, comme pour lui faire honneur, ne laissent pas d'être fort gracieux; nous avons pu les admirer durant deux courtes journées de marche, non sans nous arrêter au village de Zebdani pour nous y faire raconter l'histoire du tombeau d'Adam, placé dans ses murs par la tradition, et nous faire montrer le point où l'arche s'arrêta pour permettre à Noé d'en sortir. Je ne sais de quelle imagination ces deux légendes sont issues, mais elles ne manquent pas de piquant.

Balbeck, vendredi, 22 avril.

L'endroit où nous avons dormi se nomme Sourghaya, c'est un frais vallon dont la végétation ressemble à celle de nos climats. Nous partons au matin poursuivis par une pluie fine, qui, malgré nos manteaux, nous rafraîchit à satiété; elle cesse par intervalle pour retomber avec plus d'intensité, comme si quelques minutes d'arrêt l'avaient rendue plus furieuse. Nous la subissons jusqu'à un coteau voisin des ruines de Balbeck, mais alors elle s'arrête comme sur ordre divin. Le soleil en profite pour percer d'épais nuages et nous apparaître plus radieux que jamais. Devant nous se dressent des colonnes immenses, qui vont se perdre dans la nue et dans la nuit des temps. A leurs pieds sont couchés des chapiteaux énormes, des blocs gigantesques renversés par je ne sais quelle fureur de destruction, celle de l'orage ou des Musulmans. Le soleil, avant de disparaître, a coloré le monument. C'était resplendissant de lumière et de beauté. Les teintes chaudes des pierres étincelaient sous les feux d'un beau soir, et leur grâce et leur grandeur réunies ressortaient avec plus d'éclat. On eût dit que les ombres des constructeurs de cette merveille allaient apparaître au sein des nuages emportés comme des bataillons par la brise; puis le vent est venu, puis la pluie, puis les ténèbres, et nous avons dû chercher dans l'intérieur de l'édifice un asile pour la nuit.

On a souvent décrit le temple de Balbeck, je n'y reviendrai pas; je me contente de donner ici la hauteur de quelques colonnes mesurées par M. de Saulcy. Elles ont 7 mètres de circonférence et près de 13 mètres de hauteur.

Nous campons dans de vastes chambres où vacille la lueur de notre petite bougie. Nous aurions souhaité que la lune vînt éclairer les ruines et nous faire voir, sous un nouvel aspect, ces colonnes hautes à donner le vertige, grosses à défier l'imagination la plus exigeante. Ces tronçons sculptés, ces chapiteaux détruits, ces corniches brisées font admirer la grandeur même de Dieu dans l'œuvre de ses enfants: il ne faut rien moins que d'épaisses ténèbres pour nous donner la force de nous mettre au lit.

Nous avons chanté le *Noël* d'Adam sous les voûtes sonores, puis chacun s'est couché dans une embrasure de l'appartement, j'ai dormi pour ma part sous un immense bloc à moitié détaché de la voûte, de ce sommeil profond qu'on gagne à courir à cheval par pluie, vent ou neige et que les cris des moukres ne suffisent pas à troubler.

Samedi, 23 avril.

Ce matin la pluie recommence. Nos moukres refusent de marcher. Joseph se fâche et veut aller au *sérail* chercher, pour les contraindre à obéir, un *chevalier* du gouvernement. Rien n'y fait; ces messieurs profitent de notre répugnance à nous servir du fouet pour faire de nous leurs esclaves; prières, supplications, exhortations les trouvent plus insolents et plus tenaces que jamais. Nous montons à cheval, les laissant avec nos bagages sous la garde de Nadir qui, par deux fois, vient de jeter son bonnet à la tête de l'un d'eux; chaque fois le bonnet lui a été soigneusement rendu, et Nadir, découragé, l'a replacé sur sa tête. Nous nous sommes retournés bien souvent pour revoir encore notre magnifique campement, mais la pluie nous aveugle, et sans rien admirer nous parcourons silencieusement la plaine, nous abritant de notre mieux sous nos manteaux et nos couffiés. Nous nous arrêtons pour déjeuner dans un petit village grec. Assis autour d'un bon feu, nos vêtements fument à l'envi. Un prêtre grec, chibouc aux lèvres, vient s'accroupir à nos côtés en compagnie de quelques curieux. Nous profitons d'une éclaircie pour nous remettre en selle. Un splendide arc-en-ciel vient éclairer la nue. Le signe de l'alliance avec Dieu nous a fait du bien; c'était la grâce du Père Céleste nous suivant à travers l'orage, et sa bonté daignant écrire en lettres de feu que nous ne serons jamais abandonnés. La pluie recommence à quatre heures; deux heures après nous étions à Zahleh. La vue d'un couvent de jésuites nous a fait battre le cœur. Là nous allons retrouver à coup sûr la langue du pays, un abri contre le vent glacé ; là nous allons échapper à cette pluie pénétrante qui nous frappe douloureusement au visage; nos yeux meurtris par elle vont se reposer. Nous jouissons en perspective d'une halte achetée par dix heures de marche. Joseph sonne, un moine paraît. Notre drogman réclame l'hospitalité sur le ton d'un homme affamé et gelé, c'est-à-dire humblement, avec supplication ; la porte entr'ouverte se referme brutalement sur une réponse très-sèche : *On ne reçoit personne ici.* Nous nous éloignons un peu désappointés. J'avais bonne opinion du couvent et voilà qu'on vient me l'ôter et m'arracher une douce illusion sur la charité d'autrui. Si j'avais un conseil à donner aux jésuites, je les engagerais à user de plus de bienveillance dans un pays étranger où l'hospitalité est proverbiale, de peur que les musulmans n'accusent la vérité chrétienne de n'exister qu'à l'état de théorie.

Je confesse volontiers qu'il m'eût été doux de devoir de la reconnaissance à nos compatriotes. Nous avons dû nous contenter de l'offre d'un Grec qui nous a conduits chez lui, nous a donné du feu pour réchauffer nos membres engourdis, et une natte et des couvertures pour nous abriter durant le sommeil.

Chacun de nous, enroulé dans sa couverture, s'établit le plus commodément possible sur le sol. Des myriades d'insectes nous piétinent à nous faire dresser les cheveux. Je me sens envahi de la tête aux pieds. Je secoue bientôt couverture et manteau pour me promener en désespéré dans la chambre, écoutant le tintement de la pluie sur le toit qui nous abrite et maudissant les animaux qui ne respectent rien.

Je regrette maintenant jusqu'à ma chambrette d'étudiant où le grand jour n'arrivait que par une petite lucarne, mais où j'étais reçu gratuitement par un bon lit. C'est la privation des choses qui nous les fait apprécier à leur valeur. L'épreuve, dont le monde dit tant de mal, a cet immense résultat de nous faire sentir notre dépendance et la miséricordieuse tendresse d'un Dieu qui ne nous doit rien.

Dimanche, 24 avril.

L'orage a perdu de son intensité; nous partons cependant, malgré la pluie que le vent nous jette en pleine figure. Nous ne tardons pas à gagner Stora, station de la diligence de Damas à Beyrouth. L'hôte est Provençal à n'en pas douter. J'écoute le menu de notre déjeuner fait par l'hôtesse en pur marseillais. La bonne femme ne se doutait pas que j'entendais à une syllabe près toute sa discussion avec son mari sur le prix de notre repas. Nous avons été traités raisonnablement et n'avons plus quitté jusqu'à Beyrouth la route impériale, tantôt courant à la moindre éclaircie, tantôt nous arrêtant, pour laisser passer la bourrasque, dans une des bicoques échelonnées sur la route. Malgré tout nous avons admiré les gorges du Liban, ses arbres, ses prairies, ses bouquets de pins, ses vignes et ses oliviers. Des hauteurs où nous sommes, nous jouissons de la vaste mer, et notre pensée la traverse pour aller retrouver au delà tout ce que nous aimons. J'ignore quel est l'écrivain qui soutenait que la nostalgie n'était pas une maladie française. Je crois qu'on pourrait lui répondre que nos compatriotes n'en subissent pas les atteintes par la bonne raison qu'ils restent généralement chez eux et n'émigrent pas volontiers. Ce que j'affirme, c'est que le cœur vous bat très-fort quand le drapeau du pays surmonte la maison consulaire, quand ses trois couleurs flottent au vent. Ses plis figurent mille souvenirs tenaces qui vous retrempent et vous reposent. C'est la maison paternelle et les charmes de l'amitié. C'est le travail paisible, quoique parfois traversé par des larmes toujours essuyées par la main secourable de notre bon Dieu. Ne soyons pas ingrats si nous sentons aujourd'hui le prix du chez soi, c'est à l'absence que nous le devons. Nous touchons au but de notre pèlerinage à quatre. Bientôt nous disons adieu à nos montures; nous avons la faiblesse de tout pardonner, ne voulant pas laisser même un moukre sous une fâcheuse impression.

CHAPITRE XXI.

Huit jours à Beyrouth. — La ville et ses habitants. — Les protestants à Beyrouth. — Les diaconesses et l'hôpital. — La frégate *l'Impétueuse*. — Une soirée chez le comte de P.... — La séparation. — Retour à Damas.

Du dimanche, 24, au samedi 30 avril.

Les mûriers abondent autour de la ville qui renferme 50,000 habitants, dont les trois quarts sont chrétiens. Les Européens y sont fort nombreux, leur activité prédomine, et la mer exporte des denrées et des soies pour y verser la richesse. Beyrouth n'a pas de monuments, elle fourmille de ruelles étroites et en pentes plus ou moins raides; son bazar est obscur et bien achalandé. Les environs sont remarquables. La promenade des pins, plantation royale que l'on peut parcourir en suivant, à cheval ou à pied, de larges allées sablées, est le rendez-vous des désœuvrés et des admirateurs de la belle nature. On peut les appeler les Champs-Élysées de Beyrouth. La vue porte sur la vallée gracieuse du Nahr-Beyrouth et la chaîne du Liban, toute parsemée de riantes villas luxuriantes de végétation. Nous comptons à Beyrouth une centaine de coreligionnaires européens, membres décidés et actifs d'une congrégation, dont M. Kullen est le pasteur. Quarante d'entre eux suivent le culte français, soixante environ fréquentent le culte allemand. Nous ne comprenons pas dans ce chiffre les prosélytes et les enfants. Tous les dimanches les fidèles se réunissent dans la gracieuse chapelle des diaconesses pour y entendre, matin et soir, la bonne nouvelle du salut. Les Américains ont aussi leur œuvre; près de cinq cents évangéliques sont groupés autour d'eux. Dans le Liban, à Alma, Cœna, etc., nos coreligionnaires sont au nombre d'environ six cents. La ville de Beyrouth et ses environs, d'après un recensement officiel que nous avons eu sous les yeux, compte 1,500 protestants.

Ce chiffre paraîtra certainement exagéré à ceux qui n'ont pas vu Beyrouth depuis longues années et même depuis l'époque des massacres. Pour donner une idée des progrès accomplis par l'œuvre évangélique, il suffit de citer les faits suivants. En 1860, les diaconesses de Kaiserswerth, attirées par les malheurs de la Syrie, fondent un orphelinat qui ne tarde pas à posséder 250 enfants, réduits bientôt au nombre de 100. J'ai vu cette année 300 jeunes filles réunies sous la direction de nos sœurs et placées sous la protection de M. Weber, le consul de Prusse. C'est à cet honoré frère que reviennent l'initiative de l'œuvre et la construction du vaste établissement des diaconesses. Mlle de Trosta le dirige avec une rare distinction. L'ordre le plus parfait règne dans la maison, je pourrais dire l'élégance; la mer et le Liban semblent se disputer l'admiration de ses habitants et de ses visiteurs. Je ne sais rien de plus poétique que le panorama contemplé des terrasses de nos sœurs à l'heure du soleil couchant.

A côté de leur orphelinat, nos frères de Beyrouth possèdent un hôpital dirigé par des chevaliers de Saint-Jean de Jérusalem. Cet ordre hospitalier, restauré par le roi de Prusse sur des bases évangéliques, a pour mission d'offrir des infirmiers aux hommes malades.

Les infirmiers ont pour costume une redingote en drap noir serrée à la taille par une ceinture, un chapeau en feutre, au centre duquel une petite croix permet de les distinguer facilement. Les infirmiers ne sont pas chevaliers, mais ils les représentent et relèvent d'eux. L'hôpital est bien tenu, mais on sent que des mains de femmes n'ont pas présidé à son arrangement intérieur. Les malades ont l'air heureux; l'air de la mer les fortifie et l'affection fraternelle les soulage dans la mesure de ses forces.

Le mouvement religieux évangélique dans l'intérieur du Liban mérite d'être noté, car il montre une fois de plus la réalité du proverbe : L'homme propose et Dieu dispose.

Aux temps apostoliques, c'était Saul le persécuteur d'Étienne, devenant saint Paul sur le chemin de Damas. Au quatrième siècle, c'était Augustin le débauché, dompté par Dieu lui-même et devenant saint Augustin. Au seizième siècle, c'était Martin Luther, jetant le froc choisi par lui pour la réforme choisie par Dieu; et si, de ces époques tourmentées et de ces hommes marqués au front du sceau du génie, nous descendons au dix-neuvième siècle et à des esprits plus ordinaires, nous trouvons au fond que le proverbe n'a pas changé.

Un prêtre de Syrie embrassa le protestantisme pour des raisons qui n'inspirèrent pas la moindre confiance aux témoins de sa conversion. Quelque temps après, il prenait le chemin du Liban et l'on n'entendit plus parler de lui. Tout à coup un jeune homme se présente aux missionnaires et leur raconte qu'il a visité les Maronites du Liban et qu'un évangéliste leur prêche la pure doctrine. On court aux informations, et l'on apprend que le prédicateur n'est autre que le prêtre ambitieux : Dieu l'avait disposé pour son service. Tout récemment, une députation de montagnards vient réclamer à la mission des livres et des instituteurs. Ce sont les enfants spirituels du prêtre soupçonné : ils prient avec tant d'instance, ils supplient avec tant de ferveur, que les missionnaires comptent beaucoup maintenant sur un mouvement qui, dans l'origine, ne leur avait donné que des inquiétudes.

Telle est, en quelques mots bien rapides, la situation de l'œuvre missionnaire à Beyrouth.

Aujourd'hui vendredi, le commandant de la frégate française *l'Impétueuse* nous envoie son propre canot pour nous conduire à bord. Notre gouvernement maintient, sur les côtes de Syrie, 56 canons très-respectés des Turcs et des Druses, et près de 600 hommes d'équipage d'un excellent effet moral, destinés à prévenir le retour de nouveaux massacres. Leur commandant est un ami de la famille de P....; nous devions avec lui faire une course sur mer et pousser jusqu'à Saïda (Sidon), quand son rappel en France est venu déranger nos plans. M. Perretier, le savant chancelier du consulat de Beyrouth, devait être du voyage. C'est un numismate distingué, un archéologue érudit, d'une conversation piquante, qui tient votre esprit toujours en haleine et ne le laisse jamais sortir à vide de chez lui. Son cabinet renferme de vrais trésors : bronzes précieux, médailles rares, antiques de tout genre; il fait passer sous nos yeux et dans nos mains tout un musée. Nous le quittons pour nous rendre à bord. Je reçois sur *l'Impétueuse* une fameuse leçon d'ordre. Tout est poli, lavé, lustré, brossé, tranquille, paisible. Les factionnaires se promènent sur le pont ou dans l'intérieur du navire, le mousquet au bras ou le sabre en main; les canonniers dorment à côté de leurs pièces; le sifflet du contre-maître résonne dans le silence. Quel contraste quand la tempête gronde et que le canon tonne!

Samedi. — Nous avons passé la soirée chez le comte de Perthuis; nous y avons rencontré le Père G.... C'est le même qui, dix ans auparavant, quand le professeur Laboulaye combattit, dans le *Journal des Débats*, le dogme de l'*Immaculée Conception*, se posa dans l'*Univers* comme le champion du dogme. Le professeur du Collége de France répondit au Père, ne dédaignant pas un pareil adversaire pour des raisons que nous reproduisons ici :

« Ce n'est pas que nous aimions l'Institut des jé-
« suites. En religion, nous avons l'horreur des so-
« ciétés qui font un État dans l'État; elles brouillent
« tout jusqu'à ce qu'elles aient tout asservi; mais il
« ne nous coûte pas de reconnaître que, pris en par-
« ticulier, les jésuites se sont toujours piqués d'être
« hommes du monde et de parler le langage de la
« bonne société. Ce n'est pas aujourd'hui dans la
« compagnie de Jésus qu'on trouverait ces ergoteurs
« frénétiques qui, dans leur aimable humeur, res-
« semblent à la méchante fille des contes de fées et
« ne peuvent ouvrir la bouche sans qu'il en sorte un
« serpent. Le Père G.... a suivi la tradition de son
« ordre, il y a bien dans sa réponse un peu plus
« d'ironie que n'en comporte un si grave sujet, et
« quelques-unes de ces insinuations malignes et
« doucereuses, qui sont chez les révérends pères un

« péché d'habitude. Des défauts aussi légers ne nous
« empêcheront pas de rendre justice à notre causeur,
« il a eu le courage d'être poli[1]. »

Le Père G.... est plus que poli, il est aimable et causeur spirituel. Tout en lui respire la distinction. Il est Russe d'origine, prince de naissance et jésuite de profession. C'est un disciple de Peronne, si j'en juge par ses écrits, et un imitateur de Petau; il parle de tout avec aisance, son regard est remarquable. C'est une des illustrations du Liban et une des lumières de son ordre; érudit, libéral dans l'âme, peu soucieux (à l'en croire) du pouvoir temporel du pape, il ne paraît attacher d'importance qu'aux doctrines vitales du christianisme. Le Père fait maigre à dîner sans ostentation comme sans faiblesse, et nous quitte à neuf heures parce que le couvent ferme à dix.

Dimanche, 1er mai.

J'ai présidé ce soir l'école du dimanche. J'avais pour auditeurs une trentaine d'enfants et quelques grandes personnes. J'aime ces charmantes têtes blondes ou brunes, ces yeux candides et brillants, ces lèvres souriantes, ces petites mains qui se contrarient, ce gros joufflu tenant en respect sa petite sœur plus jeune que lui de deux ans à peine. Cette sainte confiance, qui me fait voir l'un d'eux au

---

[1]. La *Liberté religieuse*, par Édouard Laboulaye, page 201.

sortir du service, dévorant sa tartine d'une main sans songer seulement aux pierres de la route, sans demander à son père qui le soutient dans sa marche mal assurée, ni où il va, ni ce qui l'attend. Dans sa pensée son père l'aime, cela lui suffit.

J'ai pris dans mes bras un de mes auditeurs, très-sérieux, je vous assure; je lui ai demandé s'il voulait aller au ciel, il m'a répondu : Oui! en rougissant, sur un ton très-bas et la tête inclinée sur mon épaule. Nous avons uni nos voix pour chanter un cantique, pour élever nos cœurs en haut, et la mère, m'ayant repris son trésor, m'a dit avec des yeux pleins de larmes : «Dieu vous bénisse, Monsieur!»

L'heure de la séparation générale a sonné. Nous disons adieu, non-seulement aux enfants, mais encore à nos chers compagnons de route W. M.... et de P...., qui vont en Grèce, à Constantinople, et reverront la France avant nous. La tristesse était égale de part et d'autre. Le Lloyd autrichien nous les enlève, et nous leur souhaitons une mer clémente, un ciel sans orage et un doux revoir.

Lundi, 2 mai.

Nous sommes réveillés à trois heures du matin par le garçon de l'hôtel, qui nous avertit que la diligence partira dans une heure. George et moi grimpons dans le coupé, et sommes emportés ventre à terre sur la route qui traverse le Liban. Nous repassons les jours écoulés, les heures passées avec nos chers compagnons. Je ne dois pas oublier le gracieux accueil que nous avons trouvé près de M. Charlier, aimable chrétien français qui, durant notre passage à Beyrouth, a fait le vert et le sec pour nous être utile. Les liens fraternels sont d'autant plus étroits à l'étranger qu'on en sent le prix davantage. En France et chacun dans sa patrie, trouve à dépenser largement les sentiments dont son cœur est plein. Parents, amis nombreux vous viennent en aide; ici c'est bien différent. Dans une ville de cinquante mille habitants, nous en connaissons cinq ou six à peine; s'ils nous manquaient, nous serions absolument seuls. Notre besoin d'aimer nous rapproche d'eux, nous contraint à les voir souvent, à les importuner peut-être, mais le son de leur voix nous fait du bien, leur sympathie nous réconforte; voilà pourquoi je tiens à ne pas en omettre un seul.

A six heures du soir nous faisons une entrée triomphale entre deux haies de curieux dans la ville de Damas, et nous sommes conduits, par les amis qui nous attendaient, jusque dans l'unique hôtel de la ville.

CHAPITRE XXII.

Une semaine à Damas. — Un équipage à la Daumont. — Visite du pacha civil. — Promenade dans les jardins. — Attaque de la diligence. — Une Anglaise bédouine. — Récit de lady D....

Du mardi, 3, au dimanche, 8 mai.

Nous avons retrouvé l'hospitalité de la maison du consul de France avec sa grâce et sa délicatesse accoutumées. Toujours attentif à plaire à ses hôtes, M. Hecquart projette une promenade en pleins champs.

George monte le cheval favori de M. Hecquart, le consul une belle jument arabe, sa fille une bête à la douce allure, Mme Hecquart et moi prenons place dans une calèche découverte, conduite à la Daumont par un mulâtre très-vif et très-habile. Un gawas du consulat nous précède et un jeune élève drogman chevauche à nos côtés en devisant avec nous. Rien n'est plus piquant que le contraste de notre attelage avec ces ruines parcourues, ces chemins abominables qu'on décore du nom de rues. La voiture fait des bonds indescriptibles sur d'énormes pierres dont personne ne prend souci, ou dans des crevasses qu'un accident seul peut combler. La population se presse sur notre passage au risque de se faire écraser; une bande de gamins nous suit en criant jusqu'aux portes de la ville, où la route bien unie de Beyrouth nous laisse courir sans cahot. Nous sommes rejoints par nos cavaliers qui vont capricieusement, s'arrêtant à toutes les sinuosités de la route, l'un pour admirer une cascade, l'autre pour couper une fleur, l'autre pour détacher du tronc d'un saule une baguette munie de feuilles qui lui sert de chasse-mouches; puis, la troupe tourne bride et revient au consulat pour y prendre le repas du soir et y faire des plans d'avenir dont Dieu seul connaît le résultat. Les curieux nous ont patiemment attendus; nous sommes, je crois, leur unique ressource et nous fournirons probablement matière à plusieurs commérages intimes.

Le pacha civil de Damas sort du consulat. Son secrétaire, un jeune Arménien, lui traduit en turc nos paroles et nous rapporte les siennes en français. Son Excellence a de l'embonpoint et de la gaieté, elle rit beaucoup de l'averse, de Racheya, de la chasse au léopard, du mauvais vouloir de nos moukres, puis elle nous promet des lettres pour les gouverneurs que nous pourrons rencontrer sur notre route et des gendarmes pour nous escorter. Bref, le gouverneur est plein de bienveillance et nous l'en remercions de notre mieux. Il soutient qu'il aime l'Europe en général et la France en particulier; il envie notre civilisation, nos lumières, notre intelligence, notre bien-être, nos mœurs et nos habitudes. Les épithètes élogieuses pleuvaient sur nous et notre pays. Les Turcs aiment les métaphores, ce sont là paroles de diplomate, je les donne pour ce qu'elles valent.

Aujourd'hui, vendredi, la diligence apporte la nouvelle qu'un convoi de marchandises vient d'être attaqué par des Bédouins. Les Musulmans qui le conduisaient ont été littéralement dépouillés, le Français qui les commandait a reçu plusieurs coups de yatagan. Grande rumeur dans la ville, les autorités viennent d'armer les zabtiés et de les lancer dans la montagne. Ils caracolent en furieux et crient trop pour être bien braves; du reste, ils n'attraperont pas les pillards, par la simple raison que ces derniers ne sont pas gens à les attendre.

Ben-Arphouch est le chef des bandits. Sa tête est mise à prix 24,000 fr. Si c'est un Européen qui l'apporte, elle sera probablement payée; si c'est un Turc, il n'aura rien. Je dois ajouter qu'il est fort rare que les Bédouins massacrent un Européen; ils savent que les consuls réclameront une vengeance qui ne se fait pas attendre. En revanche, certaines tribus, en pleine révolte contre un gouvernement qui souvent les opprime, usent de représailles envers leurs propres coreligionnaires et leur font payer cher les vexations endurées. Je n'en veux pour preuve que la suite de mon récit et ce qui nous est arrivé à notre sortie de Damas — mais n'anticipons pas.

Aujourd'hui, samedi, tout le personnel du consulat est en campagne; chacun s'est pourvu d'un âne et court sur sa bête à travers les jardins de la ville et le fameux faubourg du Meidan, qui refusa, quoique musulman, de prendre part aux massacres. Seul, le consul est à cheval. Nous comptons dans nos rangs une Anglaise, célèbre dans le monde entier. Aux Indes, elle s'appelait lady E...; en Angleterre, lady S...; en Allemagne, baronne F...; aux îles Ioniennes, comtesse T...; à Lamia, Mme H. P...; à Damas, elle porte le nom de lady D...; dans le livre d'Edmond About, *la Grèce contemporaine*, elle s'appelle Jauthe tout court. Son sort est uni à un jeune cheik, qui a l'entreprise du pèlerinage à Palmyre et qui répond au nom de Mijoel.

Malgré son grand âge elle monte un cheval ardent qu'elle mène à son gré. Elle parle sept langues avec une extrême facilité; son amour de l'aventure ne connaît rien d'impossible.

Je l'écoutais sous les grands arbres, où nous étions assis pour déjeuner, nous raconter un épisode de sa vie au désert avec autant de sang-froid que s'il se fût agi d'un événement de salon.

Il arrive souvent que, dans leurs excursions, les Bédouins rencontrent des bandes nomades qui leur sont inconnues. Les deux troupes, prévenues par leurs espions, s'arrêtent aussitôt et s'expédient mutuellement des courriers qui parlementent entre les deux campements. Quelquefois les deux partis se connaissent et sont amis; alors ils se mêlent et n'égorgent que des moutons pour fêter dignement leur entrevue, le café circule, le chibouc s'allume, et la nuit s'écoule au milieu d'une conversation peu bruyante, mais assaisonnée de ces complaintes langoureuses qui feraient certainement le désespoir de nos compatriotes s'ils les entendaient. Souvent il arrive que les deux bandes ont des griefs réciproques. Alors on se consulte pour savoir si l'on peut et si l'on veut livrer bataille. On se résout à la lutte, on échange des coups de feu. La victoire ne tarde pas à se décider, l'une des bandes triomphe, elle fait aussitôt main basse sur les chameaux, les chevaux, les moutons et les bœufs, mais elle n'a garde de toucher aux femmes et de violer leur asile, qui cependant ne tarde pas à l'être.

Les femmes du parti vainqueur se précipitent sur celles du parti vaincu, armées de pierres et de piquets de tente. Leurs rivales les attendent avec les mêmes armes et la mêlée recommence.

Lady D..., dans une de ces rencontres, s'avançait un revolver à la main, quand elle s'aperçut que ses ennemies n'en avaient pas; elle jette aussitôt son arme et triomphe à coups de bâton.

La femme blessée dans la rixe porte un signe

d'honneur dans chaque cicatrice, et fût-elle vaincue, reste un objet d'envie pour ses compagnes. Son nom sera cité dans les générations bédouines et les mères excitent leurs filles à mériter un jour la même considération. Les bracelets, les bagues, les sequins enfilés de façon à former un diadème, les boucles d'oreille, les anneaux, tout l'attirail féminin passe d'une main à l'autre, puis les deux troupes s'éloignent en emportant leurs blessés, les vainqueurs emmènent de plus leur butin.

Tel est le récit de lady D... qui le termine en nous pressant d'aller à Palmyre. J'éprouve en l'écoutant un sentiment pénible, à la vue de cette pauvre femme qui finira misérablement une vie si tourmentée.

Nous avons dit adieu ce soir à nos aimables compatriotes, dont nous emportons le plus reconnaissant souvenir, et demain nous quitterons Damas pour n'y plus rentrer.

CHAPITRE XXIII.

Départ de Damas. — Notre moukre attaqué. — Portrait de notre cuisinier. — Souvenirs de la vie des patriarches. — Kateifeh. — Nabeck. — Maison juive et ses habitants. — Kara. — Déjeuner turc.

Lundi, 9 mai.

Les cavaliers sont à la porte de l'hôtel, le gouverneur nous a tenu parole ; nous gardons notre Joseph en qualité de domestique, et nous avons eu soin de ne conserver avec nous que le strict nécessaire pour ne pas être arrêtés par des moukres récalcitrants. Nous ne camperons plus sous la tente, mais dans les maisons, et pour éviter les insectes, nous emportons nos lits et nos couvertures de manière à n'avoir rien à emprunter aux Turcs.

A peine avons-nous dépassé les jardins de la ville, que nous sommes rejoints par notre moukre effarouché. Quatre Bédouins l'ont arrêté, lui ont volé 1,000 piastres et coupé les cheveux. Par mesure de précaution nous avions laissé deux zabtiés avec lui. Sa figure bouleversée, ses vêtements en lambeaux, nous prouvent qu'il dit la vérité. Les deux gendarmes qui l'escortaient l'ont laissé dépouiller sans intervenir. Nous les traitons de lâches, sans réussir à les émouvoir. Ils ont de longues moustaches, un long sabre, un long fusil, de longs pistolets, mais pas de cœur. « Pourquoi n'avez-vous pas protégé le moukre? — Nous n'avions pas d'ordres. — Pourquoi nous suivez-vous alors? — Parce qu'on nous l'a dit. » Quels défenseurs!

Notre cuisinier, plus brave que Joseph et que tous les gendarmes turcs réunis, répond au nom d'Andréa, probablement parce qu'il s'appelle Ibrahim. Il est âgé de près de cinquante ans et rachète sa petite taille par des moustaches formidables. Économe jusqu'à discuter pour un para[1], décidé jusqu'au coup de feu, très-habile en son art, comprenant mal le français et parlant mal l'italien. C'est un homme précieux, car il commande en maître à notre escorte et s'en fait obéir; il roule en sa tête des yeux furibonds qui sont du meilleur effet sur notre entourage.

Nous traversons de grandes plaines où des bergers font paître leurs troupeaux. Leur corps est couvert d'un burnous blanc; ils tiennent à la main de longs bâtons recourbés par le bout, et la grande barbe de l'un d'eux me reporte aux jours d'Abraham, tandis que le psaume XXIII me revient en mémoire: « L'Éternel est mon berger, je n'aurai pas de disette, il me conduit le long des eaux tranquilles, c'est sa houlette qui me console. »

---

1. Il faut 40 paras pour faire 1 piastre, et la piastre vaut 20 centimes.

Un coup de carabine a retenti. C'est George qui vient d'envoyer une balle à un ibis blanc, dont la tête dépassait les hautes herbes et qui a payé de sa vie sa curiosité. L'un de nos cavaliers va chercher le pauvre animal et contemple notre chasseur avec un air plein de respectueuse déférence; on voit qu'il tient à rester en bons termes avec l'homme qui décapite les ibis à cent pas et à balle.

La pluie commence à tomber, notre troupe s'élance au galop et en moins de rien nous sommes à Kateifeh. Le cheik du lieu nous donne l'hospitalité; nous allumons un grand feu pour sécher nos habits. Andréa nous donne un excellent dîner; Joseph établit nos lits côte à côte et bientôt nous nous endormons bercés par la complainte, toujours la même, d'un zabtié beau chanteur.

Mardi, 10 mai.

Nous entendons la voix d'Andréa debout à quatre heures du matin, qui se dispose au départ. Nous n'avons plus à redouter l'invasion des moukres; ces messieurs, quand nous campions sous la tente, nous forçaient à nous lever, nous malmenaient de toutes façons, profitaient de notre indulgence à nous prêter à leurs caprices pour user de nos personnes à leur gré. Notre cuisinier nous traite d'Excellences et force notre escorte à respecter l'inviolabilité de notre domicile. Les chevaux, bridés et sellés, nous attendent à notre porte. Trois cavaliers nous guident, laissant un de leurs camarades escorter nos bagages sous la haute surveillance de Joseph. Nous partons les premiers et nous nous retrouvons le soir dans une maison désignée d'avance sans avoir besoin d'autre recommandation.

Sans contredit, notre manière actuelle de voyager l'emporte de beaucoup sur la première. Un drogman demande aujourd'hui pour nous défrayer de toute façon de 40 à 50 fr. par jour et par personne.

Nous économisons presque la moitié de cette somme sans être moins bien traités. Nous avons de plus une escorte et ne sommes plus à la merci de personne. Après avoir rapidement traversé une plaine sans intérêt, nous sommes à Nabeck, où nous passerons la nuit dans une maison juive. Depuis notre départ nous remarquons un progrès accompli par la civilisation. Les maisons ont des cheminées. Les femmes de Nabeck, j'entends les juives, portent toutes une amulette sur la poitrine; j'ai fait prier l'une d'elles de me la laisser examiner, elle s'y est obstinément refusée; je n'insiste pas, mais je reconnais à la suscription hébraïque un verset du prophète Ésaïe. C'est le phylactère pharisaïque remplacé par un objet plus modeste. Naguère il flottait au vent pour mieux attirer les regards, aujourd'hui il se cache comme s'il avait honte de lui-même. La biblique parole est gravée en caractères très-fins sur un métal qui marque le degré de fortune de son possesseur, bois, plomb, cuir, argent ou or; je les ai vus tous, sauf ce dernier.

Nous sommes logés dans une vaste pièce couverte d'un tapis, ayant sur un des côtés un divan muni de ses coussins. Notre escorte est dans une autre salle qui sert de cuisine à Andréa. Quand le soir arrive, nous expédions un zabtié qui nous ramène nos moukres, nos bagages et Joseph.

Mercredi, 11 mai.

Au lever du soleil, nous expédions une lettre du pacha de Damas à l'agah de Kara. A dix heures nous arrivons chez lui. Au moment où nous pénétrons dans la ville, un homme, entouré de curieux attirés par notre escorte et notre costume étranger, verse le contenu bouillant d'une cafetière sur le sol. C'est une manière singulière de vous souhaiter la bienvenue et la façon la plus simple assurément d'acquérir l'inévitable bagchich. Le gouverneur est un beau vieillard à longue barbe, aux traits distingués et fins, au regard plein de bienveillance; il nous reçoit à la porte de sa demeure, et nous mène à sa salle d'honneur entre deux haies de serviteurs. Nous nous accroupissons à ses côtés; Joseph, en face de nous, interprète nos paroles.

Avant tout nous buvons du café, puis de la limonade, puis du thé servi sur un plateau dans de la porcelaine d'Europe. Quand l'agah nous juge suffisamment rafraîchis, il nous questionne sur divers sujets. « Que fait-on à Paris dans ce moment? — Toutes sortes de choses : on plante, on bâtit, on prend, on donne en mariage, tout le monde nourrit son corps, quelques-uns soignent leur âme. — La guerre d'Amérique est-elle terminée? pensez-vous que la France intervienne? — Le Nord et le Sud se battront encore longtemps selon toute apparence. Nous ne croyons pas que la France sorte de la neutralité; mais Dieu peut intervenir et la guerre cesserait alors. — Et la Pologne? — La Pologne souffre toujours, et la France plaint la Pologne. — Et le Danemark? — Altesse, quand nous avons quitté notre pays, la guerre danoise n'était qu'une probabilité; depuis notre départ nous manquons de nouvelles. » Je crois devoir reproduire ces paroles pour montrer jusqu'aux limites du désert les préoccupations des hommes.

Nous sommes interrompus par l'arrivée d'un domestique porteur d'un large plateau, sur lequel repose notre déjeuner. Il se compose d'œufs, de miel, de lebben[1], de confitures et de galette molle en guise de pain. Pas la moindre fourchette, ni le moindre couteau. Nous sommes heureusement munis de ces ustensiles, et nous nous en servons non sans étonner grandement notre entourage, qui ne

---

1. Lait caillé aigre dont les Arabes sont très-friands.

se sert que de ses doigts pour prendre les aliments. Nous nous séparons bientôt de nos hôtes pour gagner de grandes prairies, vaste désert rappelant *la Crau* dans le midi de la France. Après cinq heures de marche nous arrivons à Hassy, dont le fils de l'agah de Kara est le gouverneur. Prévenu de notre arrivée par un des courriers de son père, il nous reçoit à la porte de sa demeure. C'est un beau garçon de trente à trente-cinq ans, très-bien mis, à l'air décidé. Il a les manières gracieuses de son père. Décidément Akil-Agah trouve en Orient des types qui lui ressemblent. Son jeune fils laisse passer à travers la porte entrebâillée une tête blonde, et ses yeux brillants nous contemplent. Son père l'appelle; il accourt, et lui ayant baisé la main, se tient debout devant lui. Sur un simple signe du chef, il s'assied les jambes croisées, l'agah lui passe son narguilhé, et l'enfant, qui n'a pas dix ans, fume en maître consommé. Le gouverneur nous pose les mêmes questions que son père; il lit les journaux turcs et ne néglige aucune occasion de s'instruire. Le soir arrive. « Voulez-vous, nous dit-il, dîner à la turque? » Nous acceptons à la condition que le chef et son frère nous permettront de leur offrir quelques plats d'Europe, préparés par notre cuisinier. Ils acceptent; nous nous mettons à table. Elle est surchargée de différents ragoûts composés généralement de viande de mouton, nageant dans des flots de sauce; nos hôtes mangent avec leurs doigts, cela va sans dire; ce qui les étonne, c'est que nous puissions boire pendant le repas. Un plat de macaroni surtout a eu beaucoup de succès; l'agah s'en est fait donner la recette par Andréa, qui se confondait en révérences. Après le dîner, des serviteurs remplacent la table qu'ils emportent par une vaste aiguière, où chacun se lave à son tour. L'absence de fourchette rend indispensable cette ablution. Notre dessert a été marqué par un épisode qui mérite un chapitre à part.

CHAPITRE XXIV.

La justice en Orient. — La misère des prêtres maronites. — Le désert et ses impressions. — La pitié chez les Turcs. — Homs et ses souvenirs. — Promenade dans les jardins de la ville. — Les terreurs de Joseph en allant à Hamah.

Pendant que les domestiques nous servaient quelques fruits confits, trois hommes pénètrent dans la salle où nous nous trouvions. Ils saluent silencieusement le gouverneur, qui s'incline, et vont croiser leurs jambes à quelques pas de lui. L'agah ne les connaît pas, ils sont ses inférieurs, mais sa porte est toujours ouverte et son tapis reçoit depuis le sultan jusqu'au dernier de ses administrés. A peine les nouveaux venus sont-ils installés, qu'on leur apporte des chiboucs et du café. Le chef fume son narguilhé sans ouvrir la bouche. Après un long silence il les interroge : « *D'où venez-vous?* » Les nouveaux arrivés saluent et répondent qu'ils viennent de Homs.

« *Où allez-vous? — A Kara. — Qui êtes-vous? — Nous sommes des marchands paisibles de Hamah. A peine avions-nous quitté Homs, que des Bédouins nous ont environnés. Nous avons dirigé contre eux les canons de nos fusils pour défendre nos personnes et notre avoir, et nos ennemis nous ont alors quittés parce qu'ils n'avaient pas d'armes, mais ils peuvent revenir plus nombreux et mieux équipés, et nous serons à leur merci.* »

L'agah les laisse parler tout à leur aise, chacun dit tout ce qu'il veut dire, mais l'œil du chef ne quitte pas l'orateur. Quand ils ont fini, le gouverneur garde le silence pendant dix bonnes minutes, comme pour leur laisser le temps d'ajouter quelques détails omis, puis il rend l'arrêt suivant :

« L'endroit où vous avez été attaqués n'est point sous ma domination. Je ne puis rien contre votre arrestation, mais je puis vous sauvegarder contre toute embûche future *sur mes terres.* » Le gouverneur frappe des mains. Un nègre apparaît. « *Va chercher le chef des zabtiés.* » Le serviteur ramène l'officier. « *Tu vas prendre cinq hommes, tu les feras monter à cheval, et ils escorteront ces honorables marchands jusque chez mon père. Va.* » L'officier s'incline et s'éloigne avec les plaignants, qui font pleuvoir sur leur juge, avant de se retirer, un déluge de bénédictions.

Pendant tout ce dialogue la porte reste ouverte; chacun peut entendre tout ce qui se dit et se fait de part et d'autre. Rien ne peut rendre le calme plein de dignité du jeune magistrat. Il nous quitte pour nous laisser reposer, ce que nous faisons de grand cœur, après nous être recommandés avec lui à Dieu et à la parole de sa grâce.

Jeudi, 12, et vendredi, 13 mai.

Au moment des adieux, un prêtre maronite prend Joseph à l'écart pour lui dire son état de dénuement; Joseph, qui trouve très-commode de puiser dans la bourse d'autrui pour ses libéralités, le recommande à George, qui lui remet son offrande. Le prêtre doit à son turban monstrueux un air féroce, qui s'adoucit singulièrement à la vue du bagchich; il sourit avec autant de grâce qu'il peut, et pour nous prouver sa reconnaissance, il aide nos moukres à ficeler nos bagages et à les charger sur les mulets. Cinq cavaliers nous accompagnent, deux Bédouins se placent sous notre protection. Nous chevauchons en plein désert. Le sol n'est pas sablonneux, il est couvert d'une herbe que la sécheresse empêche de grandir, et qui lui donne un air de gazon fraîchement tondu, pas un arbre, pas une fleur, pas une montagne à l'horizon. Le silence serait absolu sans le retentissement des pas de nos chevaux sur la terre durcie. Il y a de la grandeur dans cette uniformité; la voix humaine paraît frêle quand elle résonne dans ces vastes solitudes, et nous nous sentons petits et comme perdus dans cette immensité. Au-dessus de nos têtes, semblables à autant de guirlandes de gaze rose, sont suspendus des nuages, au travers desquels se joue le soleil. Et pourtant, l'homme est grand, car l'œil de Dieu le distingue, je me sens près de lui, je lui parle, il m'entend, et ce silence même qui m'enveloppe devient, par la foi, l'attention prêtée par mon Père céleste au soupir de mon cœur, à la prière de mon âme pour mon pays, pour ma famille, pour mes amis et pour moi-même.

Je suis tiré de mes réflexions par notre pauvre moukre, à qui son mulet vient d'envoyer un formidable coup de pied qui l'a renversé sans connaissance. George et moi descendons de cheval et cherchons à le faire revenir à lui par mille moyens. Nous réussissons enfin, mais nous n'avons pu provoquer dans notre entourage le moindre sentiment de pitié. Nos zabtiés n'ont cessé de rire qu'à la vue d'un fouet que je déroulais silencieusement; les uns voulaient abandonner le moukre à son mauvais sort, les autres retourner en arrière et nous abandonner nous-mêmes, mais George commande en maître et la troupe obéit. Notre brave cuisinier force deux soldats à recharger sur sa monture le moukre revenu de son évanouissement. Homs s'annonce au loin par une forteresse ruinée, qui se dresse comme un colosse dans la plaine, c'est l'ancienne Émèse des Grecs, célèbre par son temple du soleil, dont Héliogabale se glorifiait d'être grand prêtre. C'est là que Zénobie fut vaincue. Les habitants se vantent d'avoir pour compatriote le philosophe Longin.

La ville de Homs est bien la ville arabe par excellence; on y compte 20,000 habitants, dont 17,000 sont chrétiens grecs. Les maisons construites en pierres noires, les rues étroites, les bazars obscurs n'attirent pas l'attention. Mais les Bédouins qui viennent s'approvisionner avant de s'aventurer dans le désert, leurs costumes variés, leurs figures brûlées, donnent à la ville beaucoup d'animation et de variété. Nous sommes logés dans la demeure du vice-consul, il est absent, mais son domestique nous reçoit et nous traite en grands seigneurs.

La ville a des jardins assez gracieux, mais qui ne supportent pas la comparaison avec ceux de Damas. George et moi nous sommes assis sous de grands arbres un livre à la main. Un vieux chasseur, qui nous sert de guide, se met en devoir d'arracher des salades et les dévore sans les éplucher, puis il s'offre des abricots verts qui, pour mûrir, auraient besoin de plus d'un mois de soleil, et les croque à nous agacer les dents. Il s'arrête à chaque bouchée et nous fait mille signes pour nous presser de l'imiter. Un jeune garçon malingre et chétif, qui crache le sang à pleine bouche, se régale de la même manière et rit de nos remontrances sur sa folie et se moque de nos menaces à nous faire frémir. Leur repas, pour ne pas coûter d'argent, peut encore être chèrement payé.

Samedi, 14 mai.

Joseph nous arrive au moment du déjeuner avec la figure bouleversée. Nous lui en demandons la cause, il nous répond :

« *Messieurs, il y a deux chemins pour aller à Hamah:*

l'un sûr, mais long; l'autre plus court, mais où les Bédouins passent. — Joseph, nous prendrons le plus court. — J'en étais sûr. Mais si l'on nous attaque? — Joseph, nous nous défendrons de notre mieux. — Mais si les Bédouins sont plus de cinquante? — Joseph, nous nous laisserons dépouiller. » Le visage de Joseph tourne au vert: il tire des soupirs de ses talons et pousse un: *Enfin, voilà, c'est bien!* qui clôt le dialogue sans chasser son effroi. Nous partons et Joseph voit des Bédouins partout. Nous rencontrons un pacifique voyageur. Notre drogman l'apostrophe: « *Que la paix soit avec vous, d'où venez-vous? — De Hamah. — Y a-t-il des Bédouins sur la route? — Je n'en ai pas vu, mais il peut y en avoir. — Messieurs, nous avons eu bien tort de ne pas prendre d'escorte.* » Comme il disait ces mots, Joseph aperçoit au loin deux négociants qui suivent notre route; il presse aussitôt l'allure de sa bête et leur crie: « *Que Dieu nous suive! — Allez-vous à Hamah? — Certainement,* » répond l'un d'eux. La figure de notre drogman s'illumine, mais bientôt ses terreurs le reprennent, il vient de remarquer que les marchands ont des ânons pour montures et que le cheval de George, qui n'est pas plus poltron que son maître, les distance avec ardeur. Joseph soupire et reprend son air effaré. La chaleur est accablante, mais nous ne rencontrons en fait de bandits que des gens inoffensifs, qui nous disent suivant l'heure: « *Que votre matinée ou que votre soirée soit dans le bien-être!* »

CHAPITRE XXV.

Hamah et ses habitants. — La maison du vice-consul et son personnel. — Une corvée forcée. — Visite au pacha civil. — Singulière façon de se marier. — Maladie d'Andréa. — Bravoure de Joseph.

Dimanche, 15, lundi, 16, et mardi, 17 mai.

Pour voir la ville de Hamah il faut y entrer. Bâtie sur les pentes rapides de l'Oronte, elle est masquée par deux monticules en pain de sucre qui la dérobent entièrement au voyageur. Les livres de la Bible nous la représentent comme une des villes frontières de la terre promise[1].

Elle renferme 50,000 habitants, dont quelques-uns sont nos coreligionnaires. Les maisons sont peu remarquables, mais le fleuve qui l'arrose et les jardins qui l'entourent lui donnent l'aspect le plus agréable qui se puisse imaginer. M. Bambino, le vice-consul français, est absent, mais ses filles donnent ordre à leurs gens de nous recevoir et nous font préparer des chambres. Nous entrons dans un petit salon bien ordonné; sur un des côtés un petit autel orné de fleurs, recouvert de linge blanc, surmonté d'un crucifix, nous apprend que nous sommes chez

1. Nombres, XIII, 21. — Josué, XIII, 5. — Ésaïe, XXXV, 12, etc.

de fervents catholiques. Sur un des divans du salon deux jeunes femmes sont assises, l'une d'elles fume le narguilhé. Elles se lèvent et nous font avec grâce les honneurs du logis. L'une est mariée à un médecin français, homme simple et bon, serviable autant que poli; l'autre est *demoiselle*, comme elle le dit très-ingénument; silencieuse généralement, elle forme un contraste piquant avec sa sœur qui est la vivacité même. Mme P... parle de tout avec passion, quoique sans malice, de son mari, de ses enfants, de son père, de la France et du ciel. C'est un cœur chaud, qui s'enflamme au moindre choc et une imagination ardente que les soins du ménage n'absorbent pas.

Un vieux prêtre maronite habite la maison, c'est la naïveté même, il confesse, donne l'absolution, baptise, enterre et dit la messe; il me rappelle une des figures de saint Pierre, peinte par Ribeira: grand front, longue barbe, lèvres épaisses, sourire bienveillant. Nous trouvons aussi un jeune drogman indigène, élève des jésuites, qu'il déteste cordialement; il fait maigre presque toujours, jeûne souvent, ne boit ni vin, ni liqueur, ni café, ne fume jamais, prétend que les juifs égorgent les enfants pour mêler leur sang au pain sans levain, croit le pape infaillible en matière de dogme, seulement est l'ennemi déclaré du pouvoir temporel et du faste des prêtres, lit la Bible expurgée, écrit des mémoires dont il aime à donner lecture à tout venant, traite les protestants de gens sans aveu, Luther d'ivrogne, Calvin d'assassin et me demande si j'ai jamais vu de pareils hérétiques. Je réponds *oui* sans hésiter.

Les environs du consulat sont charmants; l'Oronte coule sous ses murailles entre deux rangées d'arbustes et d'arbres peuplés d'oiseaux. Des nuées de corbeaux et de corneilles se perchent sur les grands platanes, et viennent nicher jusque sur nos fenêtres. Pour arroser les jardins de la ville, on emploie l'eau du fleuve élevée par d'immenses *norias*. Les *norias* sont des roues en bois, dont quelques-unes ont 15 mètres de diamètre, mues par le courant; elles tournent avec un cri singulier, avec des intonations bizarres et variées, semblables à une plainte prolongée que la nuit n'arrête pas et à laquelle on a quelque peine à s'habituer.

Mercredi, 18, et jeudi, 19 mai.

Un gawas du consulat nous annonce que nos montures viennent d'être emmenées par des soldats turcs, malgré ses protestations. Nous dépêchons un janissaire au pacha pour lui rappeler que toute propriété française est inviolable en Turquie. Le gouverneur n'en disconvient pas et le renvoie muni d'un ordre écrit au chef des zabtiés, qui le renvoie au colonel, qui nous le renvoie sans mulet en nous affirmant qu'il ne sait absolument pas ce que nous voulons.

Tout à coup le bruit court que nos bêtes sont au bazar; un gawas s'y rend, les retrouve, veut les reprendre; mais les soldats s'y opposent et les font partir pour la corvée, sans souci des cris de l'agent français.

Nous nous décidons alors à aller au sérail, précédés des gawas du consulat, d'un jeune élève drogman et d'un garde.

Nous sommes introduits auprès de Son Altesse. Elle nous offre avant tout du café, puis nous gronde de ce que nous n'avons pas choisi son palais pour y loger.

« Pourquoi n'êtes-vous pas descendus chez moi? Si vous préférez le consulat français, pourquoi n'êtes-vous pas venus visiter mes jardins? — Altesse, nous savons les gouverneurs très-occupés, et bien que le pacha de Damas nous ait donné pour eux des lettres qui équivalent à des ordres, nous hésitons à nous en servir. Si l'on ne nous avait pas pris nos chevaux, nous ne vous aurions pas dérangé. »

Le pacha s'incline sans répondre.

Nous lui remettons alors le bouyourlty[1] et la lettre du gouverneur général à son adresse, et nous le voyons s'agiter un peu. Sans désemparer il prend une plume, écrit une lettre, deux lettres avec une fiévreuse ardeur, les expédie par des courriers et nous dit d'un air calin: « Ce soir, vos chevaux vous

---

1. Passe-port turc.

seront rendus. — Nous remercions Votre Altesse de son bon vouloir et nous laissons à S. Exc. le pacha de Damas le soin de fixer lui-même les dommages et intérêts qui doivent nous être alloués. » Le gouverneur nous contemple d'un air qui veut dire : « Si vous étiez Turcs, vous auriez des coups de bâton pour tous dommages ; » mais comme nous sommes Français et que derrière nous est un consul qui pourrait bien se montrer plus exigeant que ses administrés, il sourit gracieusement et nous offre une seconde tasse de café. Nous le quittons avec force saluts et nous regagnons le consulat toujours suivis de notre escorte. Quelques minutes après un janissaire nous apporte de la part de Son Altesse 25 piastres (5 fr.), que nous lui laissons à sa grande joie, le chargeant de dire à son maître que nous recevrons de lui 1,000 piastres (200 fr.), à moins que notre consul n'en décide autrement. Il est probable que nous ne toucherons pas un centime, mais la peur d'une dénonciation rendra, nous l'espérons, le chef civil de Hamah plus circonspect à l'endroit des chevaux européens.

Pendant que nous étions au sérail, les soldats ont introduit une femme voilée dans la compagnie d'un homme à mine rébarbative. Je crois que ce dernier, qui louche affreusement, doit à ses yeux la mauvaise impression qu'il produit. La femme est la plaignante, et l'homme l'accusé. « Seigneur, dit la femme, j'avais une jeune sœur que j'élevais avec mes enfants. Un jour, je m'absentai pour aller à Alep chercher des provisions. Quand mon mari vivait, c'était lui qui faisait ce voyage. Pendant que j'étais en chemin, on a enlevé ma sœur. Je me suis adressée aux zabtiés, et ils l'ont trouvée chez cet homme. » Le juge fume son chibouc et demeure silencieux; tout à coup il ôte la pipe de sa bouche et s'adresse à l'homme : « Qu'as-tu à répondre pour ta défense? — Seigneur, je demande à amener ici la sœur de mon adversaire, et si tu ne l'entends pas dire que je suis son mari, je subirai la sentence que tu voudras m'infliger. » L'audience est levée, l'arrêt sera rendu demain.

Andréa est malade. Nous sommes obligés de le laisser aux soins du consul de Hamah, qui nous a promis de veiller sur lui et de le faire reconduire à Damas dès qu'il sera remis. Ce malaise de notre brave cuisinier nous contrarie, mais un jeune médecin italien nous a déclaré qu'il y avait danger à le faire voyager dans le temps présent et incertitude sur le moment de sa guérison.

Joseph se montre plein de bravoure en cette occasion: « *Messieurs, je vous servirai de cuisinier. — Oui, Joseph, mais les Bédouins! — Les Bédouins sont des hommes et nous avons des armes; le moukre a ses pistolets. — Très-bien!* »

J'ai raconté plus haut les terreurs de notre drogman sur la route de Hamah. Voici l'histoire racontée par lui aux gens de la maison suspendus à ses lèvres :

« En partant de Homs, j'ai dit à ces messieurs : Le chemin long est le plus sûr, mais il faut prendre le plus court. Si les Bédouins nous attaquent, tant pis pour eux. » Tout le monde admire cet homme intrépide, et se figure aisément que nous devons dormir en pleine assurance dans la compagnie d'un tel serviteur. Pas n'est besoin d'aller en Orient pour voir Joseph et pour l'entendre, le monde est plein de gens faits à sa ressemblance, il fourmille surtout d'auditeurs comme les siens.

CHAPITRE XXVI.

Départ de Hamah. — Khan-Cheroum. — Les tableaux représentant la Cène. — Ma-Arra. — Les chrétiens et le raki. — Les arbres et les tombeaux en guenilles. — De Ma-Arra à Edlib. — Malades et médecins.

Vendredi, 20 mai.

Nous avons quitté de grand matin la ville de Hamah. Nous avons dit adieu avec tristesse à nos hôtes qui nous ont entourés de tant de bienveillance et de soins fraternels: un jeune Persan, long comme un jour sans pain, nous accompagne; il se rend à Mossoul et se place sous la protection de Joseph, qui lui fait l'effet d'un foudre de guerre. Un soleil brûlant pèse sur nos têtes et jaunit les blés dans la vaste plaine; de temps à autre, nous côtoyons des villages turcs, dont les maisons terminées en pointe ont l'air ou d'un cimetière ou d'énormes pains de sucre.

Sur le soir, nous atteignons Khan-Cheroum, petite ville assez malpropre; nous trouvons un gîte dans la maison du cheik de l'endroit, qui nous donne une salle où nous avons le droit de nous établir. La conversation de ce chef ne nous dit rien; nous attendons la nuit avec impatience, sans nous douter de ce qu'elle nous réserve. Des serviteurs nous apportent notre dîner. A propos de ce repas, je tiens à noter un détail relatif aux tableaux représentant la Cène. J'avais plusieurs fois entendu dire que les peintres étaient allés en Orient chercher les poses et les figures de leurs personnages. Il peut y avoir du vrai pour les figures, mais les poses des convives ne le sont pas. Jamais Oriental ne s'est assis soit sur un banc, soit sur une chaise pour se mettre à table; les bancs, tout au moins, sont d'origine moderne; quant à la table, j'ignore absolument où les peintres l'ont dénichée.

Les esclaves apportent un trépied de 25 centimètres de haut et le mettent sur le sol. Sur ce trépied ils posent un plateau circulaire d'une grande dimension, contenant les aliments, et les convives, serrés les uns contre les autres, assis non sur des bancs ni sur des lits, ni sur des chaises, mais sur une simple natte et les jambes croisées, puisent capricieusement dans tous les plats. La position de l'invité n'est pas agréable; au bout d'un certain temps je me sens très-fatigué, j'éprouve une rude envie de laisser tomber ma tête sur l'épaule de mon voisin; malheureusement je ne le connais pas, mais je comprends qu'on choisisse son meilleur ami pour le mettre à ses côtés afin qu'il vous permette, à titre de revanche, de vous reposer sur lui. Je me représente très-bien saint Jean, penché sur le sein de Jésus, s'abandonnant d'autant mieux à ce mouvement qu'il aime davantage le Sauveur, mais je trouve la position forcée dans les tableaux que j'ai sous les yeux. Je ne parle pas du peintre assez naïf pour décorer la table avec des lampes modérateurs, mais de ceux où la couleur locale a la prétention d'être rigoureusement observée.

Je me souviendrai longtemps des heures passées à Khan-Cheroum. Nous n'avons pas fermé l'œil de la nuit, une infernale légion nous a piqués, sucé le sang, martyrisés jusqu'au matin sans trêve ni merci. Nous nous sommes enfuis au soleil levant de ce repaire, escortés par des zabtiés qui nous ont quittés à Ma-Arra, gros village assez gracieux par sa position; nous allons droit chez le pacha qui nous reçoit avec tous les honneurs dus à la lettre du gouverneur général de Damas. Son secrétaire lui demande la permission de nous offrir l'hospitalité, c'est un homme jeune, beau de visage et remarquablement poli. Le pacha répond que si nous acceptons, il y consent; nous suivons notre hôte au travers des rues effondrées du bourg; un riche habitant du lieu nous aperçoit et veut nous contraindre d'entrer chez lui pour nous y rafraîchir et y demeurer. Notre guide nous supplie de n'y pas consentir et nous le suivons après mille remercîments à ce généreux citoyen. Je remarque ici non plus seulement l'acceptation de l'étranger dans sa maison, mais le besoin d'hospitalité. Les habitants du lieu se piquent d'avoir chez eux des voyageurs et de les héberger gratuitement.

Nous entrons dans la maison du jeune chrétien, elle est propre, bien tenue. A peine sommes-nous étalés sur un divan, qu'on nous apporte café, narguilhé, limonade, après quoi, notre hôte nous fait remercier par notre drogman de l'honneur que nous lui avons fait en acceptant son offre. Quelques amis du maître de la maison viennent se joindre à lui. Tous sont chrétiens. Le raki circule, les têtes s'échauffent, les yeux s'allument, et bientôt les chants commencent, cris rauques, sons gutturaux qui vous déchirent le tympan. Le jeune secrétaire, George et moi, sommes les seuls à ne pas boire. Le raki, c'est l'absinthe, c'est l'eau-de-vie, c'est le poison des Orientaux, on lui doit plus de maladies qu'à tous les autres fléaux réunis. Les chrétiens en abusent, et les Turcs ne s'en privent qu'en public. Après le repas, les convives se remettent à boire. Quelques-uns sont ivres déjà. Pour y remédier, je demande à Joseph notre pharmacie, et nous nous mettons en devoir, George et moi, de leur faire avaler et sentir de l'ammoniaque. Après quelques minutes, le silence le plus complet règne autour de nous, les buveurs se regardent tristement et curieusement, le remède a agi. Mais je crains bien qu'il ne corrige personne. Qui a bu boira, dit un vieux proverbe, auquel un vieux prêtre ajoutait en manière de conclusion: Et qui boira se damnera.

La nuit a chassé les buveurs et nous permet de

goûter un repos que nous n'avons pu trouver à Khan-Cheroum.

Dimanche, 22 mai.

Ma-Arra conserve quelques antiquités, entre autres, le tombeau d'un prophète, que la piété musulmane entoure de vénération.

Les restes du mort reposent sous une pierre très-simple, dans une salle voûtée bien conservée. La tombe du prophète est entourée d'une balustrade à laquelle sont appendus des lambeaux d'étoffe de toute couleur. J'ai remarqué sur plusieurs arbres des guenilles pareilles. J'avais cru jusqu'ici qu'elles étaient destinées à faire peur aux moineaux et à les forcer à chercher une retraite dans les blés ravagés par les sauterelles. Cette manœuvre me paraissait habile. Ce ne sont pas seulement les hommes qui sont amorcés par les convoitises, les animaux eux-mêmes sont sujets à la tentation : tel oisillon qui ne songe à rien peut se sentir aiguillonné par la vue d'une sauterelle et la croquer par occasion, tout le monde y trouvera son compte, excepté pourtant la sauterelle.

Mais je dois à la vérité de déclarer ici que les haillons des tombes et des arbres ont une tout autre destination. Quand la fièvre s'abat sur un Européen, le docteur la combat à l'aide de la quinine et l'arrête, suivant les cas, par une substance qui la détruit. En

Orient, quand elle fait trembler un musulman, il faut courir au tombeau, s'emparer d'un chiffon, passer chez l'iman, l'entraîner auprès du malade, lui faire marmoter certaines prières, bénir le morceau d'étoffe qu'on brûle ensuite sous le nez du patient. La fièvre est conjurée; si le malade meurt... c'était écrit. Mais la fièvre n'est pas coupable.

Nous avons pris pour guide un pauvre homme, vêtu comme la tombe du prophète. Ses pieds nus n'ont pas l'air de se douter qu'ils appuient sur des pierres aiguës, sur des roches brûlantes. Joseph lui préférerait bien quelques chevaliers du gouvernement, mais il se résigne d'assez bonne grâce.

Nous déjeunons dans un hameau, perché sur le sommet d'une verte colline, au pied de laquelle serpente une petite rivière. Les femmes du village nous apportent des oignons, du lait et du café, toute leur richesse; nous distribuons quelques piastres, et nous nous engageons dans les grands blés de la plaine d'Edlib, où nous arrivons sur le soir. Edlib est une petite ville où les Européens viennent s'approvisionner; les maisons y sont grandes, quelques-unes sont belles, et nous trouvons facilement à nous caser dans l'une d'elles. Pendant que Joseph cuisine dans la cour, j'écris mon journal et veux coucher ici, sur les médecins en Orient, quelques observations qui me paraissent dignes de l'attention du lecteur.

Les médecins, aujourd'hui, sont soumis à des

épreuves qui garantissent le public contre les conséquences de l'ignorance; quelques indigènes vont à Paris, mais ils sont peu nombreux et le pauvre peuple n'en profite guère. Il a généralement recours à deux sortes d'opérateurs. A la tête des premiers, marche le barbier; la bande de charlatans ou de sorciers forme le second groupe; leurs principaux remèdes sont la conjuration du mal par les amulettes et les prières, à quoi ils ajoutent la saignée. Mais à côté de ces Esculapes du pays se trouvent des Européens qui leur font une rude concurrence. Les uns sont attachés à l'armée en qualité de chirurgiens. Ils portent le costume militaire et peuvent soigner les malades dans les villes où ils tiennent garnison. Les autres sont des officiers sanitaires attachés aux consulats de leur pays et payés par le gouvernement dont ils relèvent. Les villages sont dépourvus de docteurs, on y meurt et on y vit comme on peut. Dès qu'un Anglais, un Français, un Allemand ou un Italien s'y présente, il est sûr qu'on lui présentera tous les infirmes du pays. Pour eux, l'Européen connaît la médecine de père en fils sans l'avoir jamais apprise; c'est une affaire de sol, de climat, de tempérament. C'est la grande idée de quelques critiques modernes; elle n'est pas neuve, les Turcs la pratiquent de toute éternité.

CHAPITRE XXVII.

D'Edlib à Alep. — Les chiens et les oiseaux en Orient. — La ville d'Alep et ses habitants. — Le consulat de France. — Le bouton d'Alep. — Une soirée arabe.

Lundi, 23, et mardi, 24 mai.

Nous sommes debout à quatre heures du matin, et nous nous lançons à toute bride dans des prairies interminables. Notre seule distraction consiste dans la vue de villages aux maisons coniques, semés çà et là dans les champs. Quelques dromadaires, quelques ânes, quelques voyageurs nous sortent du vert et de la parfaite uniformité du paysage. J'aime surtout la marche lente, grave et révérencieuse du chameau, sa bonne et placide tête, ses petits yeux qui clignotent en vous regardant, ce gros corps qui se balance régulièrement sur de longues jambes, et ses pieds flexibles qui se dépriment et se reforment à mesure qu'il avance. Je ne parlerai plus du chaud soleil, du nuage qui passe, des teintes dorées du soir. J'arrive droit à Alep; mais avant d'y entrer je tiens à prévenir mes lecteurs de ce qui s'y passe.

Nous avons à Paris et ailleurs des corporations de balayeurs, chargés de nettoyer les villes des immondices qui les souillent et pourraient vicier l'air. Ici rien de pareil. A peine si de temps à autre un homme chargé d'une outre pleine d'eau la déverse dans les bazars, plus souvent sur les jambes des passants que sur la terre. Un cheval meurt, on le dépose à sa porte; un chat vient d'être assommé, personne n'ôtera son cadavre. L'odorat, péniblement affecté, risquerait de l'être toujours sans un service de voirie régulièrement organisé sans que les hommes y prennent part.

Chaque ville de l'Orient, chaque bourgade, chaque rue pullule de chiens qui ne sont à personne, ils ne quittent jamais le quartier qui les a vus naître; si l'un des leurs venait à sortir des limites de sa rue, il risquerait fort d'être étranglé et dévoré par ses collègues. Il doit donc, sous peine de mourir de faim, se nourrir lui-même, aussi court-il çà et là, sondant les moindres recoins pour y trouver sa subsistance. Tout corps mort est immédiatement et littéralement dévoré. Souvent même j'ai vu les chiens réduits à manger les herbes oubliées par les maraîchers. Toujours affamés et inoffensifs, ils ont pourtant leurs fêtes et leurs heures de gala. Un homme s'enrichit-il par un coup de fortune imprévu, voit-il son plus cher désir réalisé, il vote une aumône aux chiens de la ville et leur fait distribuer un certain nombre de pains: en France, ce serait du gaspillage; en Orient, c'est de la charité.

Les oiseaux ont aussi leur tâche et s'en acquittent avec ardeur; chouettes, corbeaux, geais, hirondelles, martinets, foisonnent autour de nous; les chiens nettoient la ville, les oiseaux purgent les champs envahis par les sauterelles comme au temps de Moïse. Elles sautent par bandes serrées dans les blés, dont la tige grince sous leurs dents comme le bois sous la scie. Nous avons entendu cette plainte de l'herbe dans les plaines d'Edlib, et j'ai compris alors ces beaux vers que Racine emprunte à l'Évangile :

> Aux petits des oiseaux il donne la pâture,
> Et sa bonté s'étend sur toute la nature.

Les oiseaux, en effet, font un carnage énorme d'insectes nuisibles, aussi je ne m'étonne pas quand le crieur public parcourt les rues d'une ville, ordonnant à tous, de par le gouverneur, d'avoir à respecter les ennemis des sauterelles.

Mercredi, 25, à vendredi, 27 mai.

Nous sommes à Alep. La ville est dans une oasis, arrosée par le Kouaik. Ses environs sont frais, les minarets des mosquées et les maisons blanches qui se groupent autour d'une vieille citadelle, la font ressembler à ces villes d'Europe qui gardent encore aujourd'hui des souvenirs du moyen âge; on y respire un parfum de vétusté qui n'est pas sans charme. Les villes arabes gagnent à être considérées de loin. Si vous entrez dans leur enceinte, vous êtes déçus;

les rues sont étroites, le plus souvent dégoûtantes, les maisons sordides à l'extérieur; des voûtes innombrables où le jour pénètre comme à regret, vous font croire à de vastes catacombes. Ce n'est pas une description d'Alep que je fais ici, mais une remarque générale s'appliquant à toutes les cités de l'Orient.

J'ajoute, pour être exact de tout point, que les maisons n'ont quelquefois que l'extérieur de misérable. L'intérieur en est souvent fort beau, pavé de marbre, orné de jets d'eau, de fleurs et de terrasses où la famille passe la soirée, goûtant la fraîcheur de la nuit dans les douceurs de l'intimité, et se délectant à écouter trois ou quatre notes sorties de la bouche d'un hurleur. Nous nous rendons chez notre consul, auquel M. Hecquart a bien voulu nous recommander. Il nous reçoit avec une bienveillance sans égale et met à nous obliger une prévenance et une persévérance qui nous ont fort touchés. Si ces lignes tombent entre ses mains, nous le prions d'exprimer à son entourage notre profonde reconnaissance.

Mme B.... et ses filles, qui lisent l'*Iliade* dans l'original, ont pour nous des attentions de mère et de sœurs; je comprends l'intimité des consuls de Damas et d'Alep, leur énergie naturelle et le besoin de venir en aide à autrui les rapprochent.

Le consul regrette de ne pas pouvoir nous loger chez lui, mais il espère que nous trouverons un asile au couvent des lazaristes. M. G...., l'aimable chancelier, nous y mène. Un bon frère nous reçoit, et le dialogue suivant s'établit entre notre guide et lui.

« Mon père, je vous présente deux voyageurs français que le consul vous prie de loger. Vous n'aurez pas à vous occuper de leur nourriture; ils mangeront au consulat. — Monsieur, je voudrais bien... certainement ces messieurs sont nos compatriotes... vous comprenez... malheureusement... » Le frère du couvent prononce ces paroles par saccades, mais en nous dévisageant des pieds à la tête, puis il s'écrie tout à coup avec volubilité: « Et puis, voyez-vous, je manque des objets de première nécessité. » M. G.... regarde en face le frère qui ne sourcille pas et conserve son air naïf, puis il sort avec nous en lui disant d'un air indifférent : « Adieu, mon frère, nous chercherons à les caser ailleurs. » Je crois décidément que nous ferons mieux de renoncer à l'hospitalité des cloîtres. Un chrétien moins ascète, mais plus charitable, nous mène en sa maison et nous offre un asile pour tout le temps que nous passerons à Alep.

La ville possède 70,000 habitants dont 15,000 sont chrétiens et 4,000 sont juifs. Les chrétiens habitent généralement un faubourg, nommé le Kittab, arrosé par un cours d'eau que des norias élèvent et déversent dans les jardins.

Les Européens y sont nombreux, les bazars bien achalandés. Nous comptons à Alep des coreligionnaires dont le nombre croît tous les jours, les missionnaires d'Alep sont américains et placés sous le protectorat de l'Angleterre.

Samedi, 28 mai.

Nous sommes logés chez de braves gens qui font le vert et le sec pour nous être agréables; ils ont organisé une soirée, convoqué des musiciens, invité leurs amis, illuminé la cour, bref, mis tout en mouvement; les convives arrivent à la file; chaque nouveau venu fait le tour de l'assemblée debout pour le recevoir et, la main posée sur le cœur, adresse à chacun le *Salam* sacramentel. Les femmes se lèvent comme les hommes et saluent en portant la main à la tête, comme pour ôter un chapeau qui n'existe pas. Celles qui sont mariées se distinguent de leurs compagnes qui ne le sont pas, en fumant le narguilhé.

Au moment où George et moi sommes arrivés, les violons, les musettes, les trompettes ont entonné la *Parisienne:*

Peuple français, peuple de braves.

Nous prenons place sur un divan et le maître du logis vient nous baiser la main, puis porte la sienne à son cœur et à sa tête sans proférer une syllabe.

Les musiciens viennent de terminer leur air et le font suivre d'une ritournelle impossible; les tambours de basque nous étourdissent.

Pendant que le café circule, les chanteurs emplissent nos oreilles de cris intraduisibles, puis reprennent sur des instruments des refrains moins discordants; la soirée s'est terminée par la danse. Ce sont les dames seules qui ont ouvert le bal par une espèce de bourrée, dans laquelle les bras jouent le principal rôle. Cette danse monotone comme leur musique plaît aux Orientaux; nos hôtesses semblent ravies de pouvoir se balancer lentement à droite et à gauche. Il y a, m'a-t-on dit, des danseuses habiles et à gages, mais une maison qui se respecte ne les reçoit point.

Les musiciens ont écorché l'air d'une polka et quelques messieurs l'ont dansée avec ces dames. Je me suis retiré de bonne heure, et quand je me suis réveillé, j'entendais encore les cris des chanteurs et les protestations de leurs instruments.

Je dois dire que, sans la curiosité qui vous pousse à ouvrir les yeux et les oreilles, de pareils amusements fatiguent la tête et laissent le cœur vide et froid. Pas n'est besoin d'être chrétien pour éprouver ce sentiment, je crois qu'il serait partagé par tout homme tant soit peu équilibré.

Mais l'amour de la danse et des complaintes n'est pas l'unique maladie du pays. Il en existe une autre plus désagréable encore: c'est une affection cutanée que l'on désigne sous le nom de bouton d'Alep.

Cette affection qui, généralement, attaque le visage et particulièrement le nez, se présente au début sous la forme d'un bouton ordinaire, qui subit avec le temps diverses modifications. Il dure un an, mais il laisse après lui une cicatrice indélébile. J'ai cherché sans réussir l'origine de ce tubercule, les uns m'ont dit: « C'est l'eau qui le produit. — Non, c'est l'air, » ripostaient les autres. « On ignore absolument sa cause, s'est écrié un médecin; et la preuve, c'est que des voyageurs ont pu quitter la ville sans éprouver de malaise, et le bouton d'Alep s'est déclaré chez eux quand ils n'y pensaient plus. » Puisse le docteur être un faux prophète à notre endroit!

Les animaux eux-mêmes n'échappent pas à la contagion; j'ai vu des chiens et un chat affligés du bouton d'Alep; il s'était installé sur leur museau.

Dimanche, 29 mai.

Le dimanche est interminable; les cloches joyeuses n'appellent pas les fidèles à l'adoration, nous ne pouvons pas nous joindre à nos frères pour entendre lire dans notre langue cette parole de Dieu, que nous avons si souvent négligée; aussi nous est-il doux de revenir par la pensée dans l'église qui nous a vus naître, et d'écouter à distance le beau cantique de Luther dont j'aime les paroles autant que la musique:

Ne te désole pas, Sion, sèche tes larmes.

Mon imagination s'envole joyeusement pour retrouver nos frères et nous associer à leur prière;

elle se joint à l'Église universelle et retrempe ma foi par de pieux souvenirs. Mais il y a pourtant plus de joie dans la réalité.

Au moment où je fermais ma Bible, on nous apporte des lettres. Le cœur vous bat rien qu'à les voir et pourtant qu'est-ce qu'une lettre? Une feuille de papier. Oui, mais qui peut renfermer des larmes ou de la joie, des reproches mérités ou le « Cela va bien » de l'Évangile. Une lettre cachetée, c'est l'inconnu; par conséquent, un peu d'angoisse mêlée à beaucoup d'espérance.

Nos espérances sont réalisées. Dieu soit béni!

CHAPITRE XXVIII.

Départ d'Alep. — Notre troupe. — Les nuits à cheval. — Arrivée à Aïntab. — Réception de l'agent consulaire. — Le jeu du Djerid. — La ville et ses habitants. — Le cimetière d'Aïntab. — Les missions évangéliques.

Lundi, 30, et mardi, 31 mai.

Nous avons fait la rencontre au consulat d'Alep du vice-consul de Marasch, qui nous presse de l'accompagner. George, amorcé par le désir de combattre des panthères, des léopards et des sangliers, se décide et nous partons. Des *chevaliers* du gouvernement sont à la porte et nous attendent. Les jeunes chrétiens de la ville et quelques notables du pays se disposent à nous accompagner jusque dans la campagne. Les uns sont sur des ânes de Bagdad aussi blancs que la neige, les autres sur des chevaux fringants, quelques-uns sur de belles mules richement caparaçonnées.

Nous nous sommes séparés de nos amis après des poignées de mains générales. Nous sommes allés jusqu'à Heilane, où nous avons pris le repas du soir.

Avant que la nuit arrive, je puis rapidement donner les noms de ceux qui composent notre bande;

le vice-consul de Marasch, homme jeune encore et déterminé; un élève drogman, M. de Gaspary, qui vient faire ses premières armes au pied du Zeithun; une cuisinière recrutée par M. Saint-Chaffray, qui répète à tout moment en guise de refrain: « Que suis-je venu faire dans cette galère? » Paulaki, drogman indigène; Joseph, qui dans une telle multitude brave tous les dangers. George et moi, fermons la marche. Je mentionne pour mémoire deux chiens et une suite interminable de moukres.

Des hommes je passe aux bêtes; les nôtres sont mauvaises, je pourrais dire détestables sans les calomnier. La cuisinière, qui répond au nom de Zoé, craintive par tempérament, a pour lot un mulet pacifique qui marche quand on le frappe. Nous avons cheminé toute la nuit sous un ciel plein d'étoiles, mais sans lune, de sorte que je ne puis affirmer qu'une chose, c'est que le pays est plat. Je ne conseille à personne cette façon d'aller, car outre le sommeil contre lequel on lutte difficilement, on ne jouit de rien. Les ténèbres ont la singulière propriété de rendre les gens silencieux. Au bout de quelque temps, on n'entendait plus que les sabots de nos montures frappant le sol rocailleux et les cris des moukres accélérant la marche de leurs mulets. J'aime mieux souffrir un peu de la chaleur, mais voir le pays.

Mercredi, 1er juin.

Nous assistons au lever du soleil; son rouge disque semble sortir de terre et s'élever graduellement au-dessus des maisons d'un petit hameau qui nous apparaît dans le lointain. Les insectes bruissent dans la vaste plaine et quelques alouettes, encore alourdies par le sommeil, s'élèvent un peu au-dessus du sol comme pour mieux l'admirer, puis se laissent tomber à terre. Les zabtiés nous trouvent un gîte, nous nous hâtons de dévorer quelques provisions et de nous endormir. Quand la nuit est venue, nous reprenons notre marche et nous traversons des collines pleines de rocailles; le vent fraîchit et souffle avec force, la nuit est noire à ne pas vous laisser voir la bête sur laquelle vous êtes monté. J'entends d'ici les lamentations de Zoé, qui charge le vent d'aller porter ses regrets à Vitry-le-Français, sa patrie. Son mulet marche sans l'écouter et la conduit en face d'un gros arbre où il s'arrête court. Les chiens hurlent autour de nous et leurs aboiements furieux nous signalent un village; nous sommes obligés de leur disputer la place, mais quelques coups de revolver suffisent à les mettre en fuite. Nos soldats allument un grand feu; Joseph nous prépare du café, puis chacun de nous, roulé dans son manteau, s'endort près du foyer. Une heure après nous étions à cheval, malgré les réclamations de Zoé, que la nuit effraye. Joseph la rassure en homme qui ne craint rien et commande avec autorité à notre moukre de prendre la tête de la colonne. — Ce matin le soleil est ardent, je sens ses rayons pénétrer sous la couche humide de mon manteau trempé par la rosée. Mais bientôt le sommeil me gagne, si bien que je ne vois plus rien; j'ignore absolument où je suis. A mon réveil je me trouve seul dans la campagne, mes compagnons m'ont devancé et je les suppose derrière un mamelon qui se dresse à quelques pas de moi, quand le sifflement d'une balle me fait tourner la tête. C'est George qui vient de tirer une gazelle; le gracieux animal bondit effarouché; il s'élance rapide et le nez au vent dans la plaine et bientôt disparaît comme une vision dans les brouillards du matin.

Mes compagnons ne sont pas devant moi, mais à côté; sans le coup de feu de George, je m'égarais absolument.

Notre matinée a été signalée par un épisode presque tragique. Un des chevaliers du gouvernement, comme dit Joseph, ayant reçu l'ordre d'aller nous préparer un logement au village voisin, refuse de marcher. Paulaki veut l'y contraindre; le Turc tire ses pistolets et couche en joue le drogman du consulat; quelques coups de courbache lui sont vigoureusement appliqués et il rengaîne ses armes pour venir baiser la main qui l'a frappé. Tout cela est bien triste.

A peine avions-nous pris deux heures de repos, que nous remontions à cheval pour arriver à Aïntab avant la nuit. Un cavalier court prévenir l'agent français de notre arrivée. Nous passons par des chemins où tout autre qu'un cheval de moukre se romprait infailliblement le cou. Après une descente à pic, nous sommes environnés de soldats et de curieux amenés par l'agent consulaire, M. Justini. Nous nous dirigeons vers la ville, et les cavaliers s'amusent à se poursuivre. Munis d'un bâton assez court et assez gros, ils se le lancent à tour de bras et en courant de toute la vitesse de leurs chevaux. C'est le jeu du Djerid. Il consiste à se choisir un adversaire, à le prévenir de l'attaque et à le pourchasser en lui lançant son bâton qu'il doit éviter comme il peut. L'adversaire atteint ou manqué doit ramasser le bâton sans descendre de cheval et rendre la pareille à son antagoniste. Rien ne peut donner une idée de l'agilité des chevaux et de la souplesse du cavalier; course échevelée, brusques retours, arrêt, détours, sauts, tout leur est bon. Ils ne se sont calmés qu'aux portes de la ville que je décrirai soigneusement demain.

Vendredi, 3 juin.

Avant d'entrer dans la ville, nous traversons le cimetière. Je ne vois pas un arbre dans le champ du repos. Rien ne rappelle la vie.

En France nous avons soin de masquer la mort en couvrant de plantes fleuries ou de verdure l'endroit où dort une de ses victimes. La pierre elle-même se prête à nos caprices et peu de statues dans nos cimetières sont placées dans l'attitude du repos. Notre *campo santo*, comme disent les Italiens, ressemble à une ville, quand il n'a pas l'aspect d'un vaste jardin bien entretenu. Nous avons horreur du mot destruction, et nous fuyons à tout prix ce que nous devrions contempler en face dans le sentiment de notre immortalité et de notre responsabilité devant Dieu.

L'Arabe laisse à la mort toute sa gravité; les tombes qu'il élève sont uniformes et ne diffèrent que par leurs dimensions. Une simple pierre surmontée de deux tarbouchs, l'un à la tête, l'autre aux pieds, quelquefois un verset du Coran faisant appel à la conscience du visiteur, lui suffisent. Je ne sais si j'ai mentionné déjà dans mon journal une habitude que je trouve touchante. Dans plusieurs endroits j'ai vu des femmes pétrir de la terre glaise pour en façonner un tombeau. C'était une mère peut-être ou une femme tenant à honneur de donner à ceux qu'elle avait aimés cette dernière preuve de souvenir. Elle se dit sans doute : «Dans une année, dans deux, qui sait... quand Dieu voudra, j'aurai ma place ici... je dormirai près de mes bien-aimés en attendant l'heure du grand réveil.» Je comprends qu'une telle occupation incline l'esprit aux idées sérieuses et je doute qu'on soit tenté de mal faire quand on a vu la mort de si près.

Samedi, 4, et dimanche, 5 juin.

Aïntab ressemble à l'intérieur à toutes les villes arabes; je n'en ferai pas la description pour ne point user de redites. Je ne puis donner le chiffre exact de ses habitants. Nos coreligionnaires possèdent dans la ville un édifice énorme de forme rectangulaire au toit en dos d'âne. Il renferme une église, un presbytère et des écoles. Deux missionnaires : MM. Schneider et Montgoméry, les desservent.

Pour avoir sur l'œuvre des détails précis, j'ai laissé parler un de leurs adversaires que je questionnais de mon mieux. « Les protestants sont-ils nombreux? — Plus de trois mille. — Font-ils des prosélytes? — Beaucoup; ils profitent des luttes des chrétiens entre eux pour les gagner à leur secte. Les Arméniens catholiques ne peuvent souffrir les Arméniens schismatiques qui le leur rendent; les Grecs dévoreraient les Latins s'ils le pouvaient. Les uns ne valent pas mieux que les autres. En attendant, les protestants marchent et ils entraînent toujours quelqu'un avec eux; Grec, Latin, Turc, tout leur est bon. — Que font-ils de leurs prosélytes? — S'ils ont des enfants, ils les leur demandent pour les placer, suivant le cas, dans leurs écoles de garçons ou dans leurs écoles de filles. — Et le père, que devient-il? — Dès qu'ils l'ont converti, ils l'envoient prêcher pour en convertir d'autres. Ils ont une légion de missionnaires indigènes qui leur obéissent comme à des chefs suprêmes. — Qui les protége et qui les aide? — Un agent consulaire américain. — Croyez-vous qu'ils achètent les consciences? — Oui, je le crois. — L'argent est donc leur unique moyen de controverse? — Parfaitement; seulement je vous avouerai que s'ils ont affaire à des chrétiens, gens souvent sans aveu, les missionnaires sont très-sérieux et très-moraux. — Pouvez-vous me citer les noms de quelques convertis et le tarif de quelques consciences? — Non; mais tout le monde vous le dira. » J'ajoute que j'ai questionné quelques personnes sans résultat, et que j'en ai conclu que les *on dit* peuvent être des menteurs.

Nous avons fait ce soir un repas sur l'herbe; les environs de la ville sont charmants; nous nous sommes arrêtés dans la cour d'une mosquée pour admirer des platanes énormes dont la hauteur dépasse certainement le chêne d'Abraham, à Hébron. Nous sommes revenus à la nuit tombante et nous avons regagné notre logis en passant sur le toit des maisons. Cette façon d'aller semblera singulière en Occident, mais non ici où les maisons du bazar se touchent et sont surmontées de terrasses sans aucune séparation, personne ne s'en étonne.

Les Européens sont nombreux à Aïntab, mais leur activité ne prédomine pas; le commerce arabe donne beaucoup d'animation à la ville dont les rues laissent singulièrement à désirer malgré leur largeur. L'Occident ne me semble toucher à l'Orient que dans son intérêt propre. Je ne vois pas ici de gens qui prennent grand souci à la civilisation du pays.

CHAPITRE XXIX.

Départ d'Aïntab pour Marasch. — Une panthère dans les défilés. — Une nuit dans la plaine de Bazardjick. — Les Turcomans et Khahil-Agah. — Entrée solennelle à Marasch. — Réceptions. — Physionomies diverses des chrétiens.

Lundi, 6, et mardi, 7 juin.

On a mis beaucoup de temps et de soins pour amener les squelettes de chevaux qui doivent nous conduire à Marasch. J'ai pour lot une pauvre bête rouge, faible à fléchir sous le poids d'un enfant, se soutenant à peine et ne marchant que martyrisée par le fouet. J'ai toujours eu peu de goût pour le métier de bourreau. Je souffre des coups que je donne à mon pauvre cheval, et mes nerfs tendus me laissent sans yeux et sans oreilles pour voir ou entendre ce qui se passe autour de moi. Tout ce que je sais, c'est que des Circassiens nous escortent. Nous traversions des défilés boisés, quand un cri formidable retentit poussé par les moukres et répété avec terreur par Joseph : «Une panthère!» George se précipite la carabine au poing suivi de M. Saint-Chaffray; je coule une balle dans chaque canon de mon fusil, et chacun de nous se poste dans le passage par où l'animal peut sortir. J'entends une voix murmurer en arabe des paroles qui ressemblent à une prière. Je me retourne, c'est le pauvre Joseph pâle comme un mort. « Monsieur, l'avez-vous vue? — Joseph, laisse-moi tranquille, et je te répondrai tout à l'heure. » Tous les buissons visités, toutes les crevasses fouillées ne nous laissent pas voir l'ennemi. Après deux heures de recherches, nous remontons à cheval et Joseph s'écrie avec une indicible satisfaction : *« Enfin, voilà, c'est bien.... »*

Nous sortons du défilé pour arriver dans la vaste plaine de Bazardjick. Le soleil s'abaisse déjà derrière les montagnes et nos Circassiens nous apprennent que nous sommes environnés par des révoltés. Les troupes turques ont campé la veille à l'endroit où nous sommes et nous reconnaissons la place occupée par leurs tentes. A cette nouvelle, Zoé fait des signes de croix et recommande son âme à Dieu. Joseph déclare qu'il la comprend, et le belliqueux Gaspary pique des deux, le sabre au poing, pour se faire la main ; le mulet de notre cuisinière, s'enflammant d'une belle ardeur, s'élance à la poursuite du cheval et jette au beau milieu de la route celle qui le montait ; nous nous empressons, elle n'a pas la moindre égratignure et ses terreurs ont disparu. Zoé remonte sur sa bête et nous continuons notre route pour atteindre des feux de Turcomans qui brillent dans la plaine. Nous y parvenons après dix heures de marche bien comptées et nous décidons que nous coucherons au milieu d'eux. On nous apporte de l'eau, du bois, du lebben; nous allumons un grand feu, nous entravons les pieds de nos chevaux. Cela fait, nous réunissons nos colis en cercle et, nos préparatifs de bivouacs achevés, nous prenons avec une ardeur dévorante le repas du soir. Nous décidons en mangeant que nous veillerons à tour de rôle. Chacun de nous met ses armes en état, se roule dans son manteau et dans sa couverture et s'étale sur l'herbe humide. Je contemple avec admiration ces étoiles innombrables qui semblent nous avoir suivis dans notre pèlerinage pour nous parler encore de la France. Les yeux de nos mères se sont certainement arrêtés sur elles et leur cœur en a été réchauffé. Elles ont pensé que nous serions éclairés par elles et qu'au delà de ces étoiles lumineuses était un séjour plus brillant encore où nous ne nous séparerions plus. J'écoute dans le recueillement ces mille bruits de la prairie qui me rappellent mon enfance et les nuits d'été passées sur le foin fraîchement coupé. Grenouilles qui coassent, grillons au chant strident, chauves-souris qui se poursuivent avec un battement d'ailes singulier et un acharnement sans égal, chiens qui grondent ou qui hurlent, chevaux qui hennissent, bœufs qui ruminent se disputent mon attention.... Malgré mon désir de veiller, je sens comme une charge de plomb s'appesantir sur mes paupières. Je jette un regard sur George endormi à mes côtés la main sur sa carabine déposée entre nous deux; nous sommes environnés d'un arsenal, fusils, poignards, yatagans, revolvers; si les voleurs arrivent, ils seront bien reçus... Bientôt les cris divers des animaux s'affaiblissent, ils deviennent confus, vagues, puis... je n'entends plus rien et ne me souviens que d'une chose, c'est que nos Circassiens nous ont réveillés à quatre heures du matin selon l'ordre qu'ils avaient reçu. Je n'ai pu m'empêcher de faire remarquer à mes compagnons que nos projets de veille n'avaient pas eu beaucoup de succès. Une voix m'a répondu : « Je n'ai pas fermé l'œil de la nuit. » Je me suis retourné, c'était Joseph, la figure encore blême. Nous l'avons remercié de sa courageuse persévérance, puis nous nous sommes remis en route.

Je songeais en cheminant à la miraculeuse assistance de Dieu. A quoi nous eussent servi nos armes si l'ennemi fût venu; nous dormions tous, oui, mais Joseph veillait. Si le pauvre garçon avait aperçu le moindre ennemi, la peur l'eût rendu silencieux. Paulaki le lui disait comiquement ce matin: « Joseph, tu n'as rien à craindre; tu seras mort avant qu'on t'attaque. » Je note en passant le verset biblique : « Veillez tous, car vous ne savez ni le jour ni l'heure à laquelle le Fils de l'homme viendra. » L'insistance de Jésus-Christ ne me surprend plus, je dois à la plaine de Bazardjick une bonne prédication sur la vigilance spirituelle. Nous venons d'atteindre un campement qui relève de Khahil-Agah révolté contre la Turquie. Le chef en personne, à la tête de ses jeunes gens, nous attend sur la route et nous escorte jusque dans les environs de Marasch, où il n'aurait garde de mettre les pieds. Le cheik a près de trente-cinq ans, sa lèvre supérieure est recouverte d'une longue moustache noire, ses traits sont durs, ses yeux expriment la défiance. Nous nous arrêtons sous une tente en face de la ville. Les cavaliers sont allés à Marasch prévenir l'agent consulaire et l'évêque arménien catholique uni à Rome de l'arrivée du vice-consul. L'évêque comptant sur l'agent français et ce dernier sur monseigneur, notre entrée risquait de manquer son effet, quand M. Saint-Chaffray se décide à écrire sur nouveaux frais et M. Molinari, l'agent français, nous arrive, suivi de quelques soldats. Deux tambourins à cheval nous précèdent, ils me rappellent de tout point ces lapins mécaniques montés sur des roulettes, tenant à chaque patte une baguette qui retombe à tour de rôle et à chaque tour de roue sur un petit tambour placé devant eux. Bientôt nous apercevons Marasch sur le versant d'une colline; les arbres, semés comme au travers des maisons, lui donnent un aspect riant et les eaux courantes y entretiennent la fraîcheur.

L'évêque arménien, suivi de tout son clergé, composé de quatre prêtres en le comptant, nous attend sous les murs de la ville. La figure de monseigneur est empreinte de bonhomie, il a la voix haute, ce qui ne veut pas dire qu'il crie ni que son ténor soit agréable. Il affirme à M. Saint-Chaffray que le cœur des chrétiens en général et le sien en particulier ne se sent pas de joie, que sa présence va faire couler du ciel sur la ville des torrents de félicités; bref, l'évêque est aux anges et veut bien m'assurer que la ville est honorée par notre présence. Je ne sais pas trop comment et j'en demande le pourquoi à Joseph qui me répond: « Monsieur, cela se dit comme ça. » Bref, monseigneur est tout miel et tout sucre, il a groupé sur le chemin les enfants de l'école et tout un flot de population qui se bouscule pour nous voir passer. M. Saint-Chaffray, calme sur un cheval fougueux comme Napoléon Ier, saluait à droite et à gauche, tandis que nous nous amusions à voir cette foule se presser, risquer de se faire écraser par nos chevaux, tout cela pour des hommes qui dans quelques années seront morts... mais nous sommes arrivés.

Du mercredi, 8, au vendredi, 11 juin.

La journée se passe à recevoir des notables. D'abord les prêtres arméniens catholiques unis à Rome. Ils peuvent se marier, et généralement ils usent de la liberté. Rétribués misérablement, ils meurent littéralement de faim, eux et leurs enfants; sans instruction aucune ou à peu près, ils ont quitté l'atelier de tissage pour endosser le surplis après un court noviciat. L'évêque est mieux partagé. Monseigneur a deux maisons à lui; celle que nous occupons lui appartient, il nous en fait les honneurs, en souriant toujours à travers ses moustaches grises.

A côté des chrétiens unis à Rome se trouvent les Arméniens schismatiques. Ces derniers rejettent :

1º La primauté du siége de Rome; 2º la légitimité du concile de Chalcédoine, où fut condamnée l'opinion d'Eutychès sur la nature de Jésus-Christ; 3º les indulgences; 4º le purgatoire; 5º la procession du Saint-Esprit par le Père.

J'aime à subordonner mon observation personnelle à celle qui me paraît offrir le plus de véritable impartialité. Je citerai textuellement l'opinion d'un homme avec lequel je diffère sur plusieurs points dogmatiques, il a tracé le portrait de ses coreligionnaires et de ceux qui ne le sont pas avec une vigoureuse précision. Je le reproduis sans commentaire :

« Les chrétiens de Marasch sont avares, ambitieux, voleurs, traîtres, fourbes, lâches, menteurs, capables de mille bassesses pour peu que leur intérêt les y pousse, toujours geignant à l'endroit des Turcs. Si, pour leur faire rendre la justice qu'ils prétendent violée en leur personne, quelque représentant de puissances étrangères veut les placer en présence de la justice régulière du pays et les opposer à leurs adversaires, ils caponnent et vont jusqu'à nier effrontément les plaintes qu'ils ont formulées, donnant ainsi des démentis immérités à qui veut prendre leur cause en main. »

CHAPITRE XXX.

Les protestants de Marasch et l'œuvre missionnaire. — La ville et ses environs. — Les bazars. — Portraits de quelques notables. — Nos journées au consulat. — Les Juifs et les Musulmans.

Du dimanche, 12, au dimanche, 26 juin.

En l'an 1850, des missionnaires américains sont arrivés à Marasch. Dix années après, leurs adversaires faisaient monter au chiffre de 800 personnes le nombre des convertis, et à 150 les maisons habitées par eux.

Aujourd'hui, c'est-à-dire en 1864, un catholique romain m'affirme qu'ils sont plus de 1,200, et je me suis assuré que ce chiffre peut être doublé sans que la vérité soit dépassée. M. Prat, le missionnaire, me déclare que ses paroissiens sont au nombre de 3,000 au moins.

J'ai recueilli sur eux les renseignements les plus satisfaisants. Ils sont d'une moralité à toute épreuve, et leur conduite irréprochable sous tous les rapports leur gagne autant d'âmes que la prédication.

Nous pouvons en être surpris en France, où la majorité des chrétiens a la pudeur de se cacher pour commettre le mal, pour se livrer à l'impureté; mais en Orient, où le *harem* est en honneur, où la luxure s'étale au grand jour, où les hommes se livrent à des vices que saint Paul a flétris dans son premier chapitre de l'Épître aux Romains, où l'on ne rougit pas de descendre au dernier degré de l'abrutissement, les missionnaires, par leur pureté qui n'a rien d'austère ni d'ascétique, vivant avec leur famille, dans la simplicité de l'Évangile, produisent sur ceux qui les entourent le plus salutaire effet.

La vie chrétienne unie à la prédication chrétienne, le principe pratiqué, la volonté mise au service de l'intelligence qui comprend et du cœur renouvelé qui applique, voilà ce qui frappe les Orientaux et le levier qui doit soulever leur matérialisme.

Le missionnaire fait de la médecine et trouve dans l'art de guérir le corps un moyen d'arriver à l'âme. Il est aidé dans son œuvre par vingt prédicateurs indigènes qui sont tous ses enfants spirituels, ils travaillent sous sa direction à l'affranchissement moral de leurs concitoyens. C'est une méthode peu cléricale, j'en conviens, mais ces Américains sont incorrigibles. J'avais beau dire à M. Prat : « Que deviendront les pasteurs si tout le monde se mêle d'évangéliser ? » Il m'a soutenu que le ministre de Jésus-Christ ne devait avoir sur les fidèles que l'autorité qu'il tiendrait de son zèle et de son activité pastorale. Je n'ajoute qu'une chose, c'est que nul n'est plus vénéré ni mieux écouté que M. Prat au milieu des siens.

Les missionnaires reçoivent un traitement proportionné à leurs besoins. Le consul anglais les protége. Mme Prat dirige à Marasch une école de filles; les garçons n'ont pas moins de trois écoles. Jusqu'à présent le Zeithun leur a été fermé, mais le missionnaire commence à y être reçu à titre de médecin du corps. M. Prat est ambitieux, soyez sûr qu'il atteindra l'âme.

L'intérieur de la ville de Marasch n'est pas triste; il y a beaucoup d'entrain, de vie, de mouvement. Les rues ne sont pas belles, les maisons peu remarquables, mais les environs sont frais. Des bandes de faucheurs répandus dans la plaine viennent à notre rencontre avec mille contorsions; ils se roulent à nos pieds et font mille folies pour un *bagchich*.

Les bazars de la ville sont bien assortis. Marasch est célèbre par ses ouvrages en sellerie: brides, sacoches, cartouchières, aumônières en cuir; on y vend parfois de jeunes Circassiennes, qui mordent dans une galette, insouciantes du maître qui les achètera. On a beau prétendre que les Turcs traitent bien leurs esclaves: j'ai horreur de la vente de l'homme par l'homme; si la peau du nègre diffère de la mienne par la couleur, son sang est rouge, il est mon frère et je l'aime. On a beau me citer: « Maudit soit Canaan », je me rappellerai toujours la parole de l'ivrogne: « Mangeons et buvons, car demain nous mourrons », comme dit l'Évangile. Le dégoût me monte au cœur à la vue de ces sophistes oppresseurs, et je supplie Dieu de toute mon âme de ne me l'ôter que le jour où sur toute la terre toute chaîne sera brisée.

Le pacha de Marasch a près de quarante ans; il est né à Constantinople, il parle correctement le français et possède une intelligence supérieure. Son caractère énergique et altier ne permet à personne de se mêler de ses affaires. Il se nomme Achir. Diplomate habile, juge impartial, économiste remarquable, fontionnaire intègre, tel est le renom universel dont il a droit d'être fier au milieu de la corruption qui l'entoure. Il n'accepte jamais de cadeaux et l'on croit fermement qu'il pacifiera le pays. M. Prat nous disait: « Il est aussi sévère pour les autres que pour lui-même, il connaît la justice, il ignore la pitié. Somme toute, c'est une belle âme. »

Je n'en puis dire autant de Mgr N...., l'évêque grégorien de Marasch. Il est âgé de cinquante ans. Natif de Sis dans le Taurus arménien, il a des antécédents qui ne lui font pas honneur. On m'a raconté que simple prêtre dans son pays au couvent dont son oncle était le supérieur, il s'enfuit emportant des ornements ecclésiastiques et une décoration de Russie appartenant au chef de la communauté. Il se rendit à Alep pour y attendre la mort de son oncle, mais ses projets furent déçus. L'agah de la tribu de Kosan d'Adana choisit un autre patriarche.

Ce dernier réclama les habits sacerdotaux, monseigneur refusa de les rendre. Menacé d'exil, il se déclare protégé français et promet à qui veut l'entendre qu'il mourra catholique romain. En 1858, il abjure et deux mois après, fatigué de son prosélytisme, il revient à ses premières convictions, si tant est qu'il en eût. Les habitants d'Alep sollicitèrent son exil, la pétition fut signée par ses coreligionnaires, elle motivait la demande sur l'incontinence et la vie scandaleuse du prélat. Il fut envoyé à Constantinople. En 1862, la communauté de Marasch le réclama pour son évêque et réussit à l'obtenir.

L'évêque arménien, Mgr P.... A...., natif d'Angora, du même âge que le précédent, prête moins à la médisance ; son caractère doux, son naturel tranquille, son humeur pacifique le feraient bien valoir de ses administrés, mais il joint à ces qualités une poltronnerie sans nom. Le peu de courage du prélat, ses lâchetés journalières[1], causées par la peur qu'il a de la vengeance de tel ou tel, indisposent contre lui tous les membres de son église.

On lui a reproché son indigne abstention des affaires publiques, il a vainement promis de se corriger. Bref, une supplique adressée au cardinal Barnabo, préfet de la propagande à Rome, demande le

---

1. Cette épithète n'est pas de moi, mais d'un coreligionnaire du prélat.

renvoi de l'évêque et son remplacement par des prêtres latins.

Les détails que je viens de décrire courent les rues de Marasch, il ne faut qu'ouvrir les oreilles pour les entendre. J'ai cru devoir les reproduire pour donner l'aperçu le plus fidèle de la situation des chrétiens et des Turcs, gouvernés par de tels hommes. Le jugement que j'ai formulé sort de la bouche, non pas des adversaires, mais des partisans de chacun.

Nos journées s'écoulent au consulat d'une manière uniforme. La lecture, les repas et la promenade en font tous les frais. Je souffre un peu de la vie païenne et désœuvrée que je mène ici. Pourtant nous sommes entourés de prévenances. M. Saint-Chaffray va même jusqu'à inventer des plats pour nous être agréable; vraiment il y met tant de bon vouloir, d'affection fraternelle et de délicatesse qu'il faudrait plus que de l'ingratitude pour n'en pas être touché. Gaspary ne cesse d'être l'obligeance même. Zoé cuisine non sans gronder un peu, voire même souffleter Joseph, dont elle apprécie le courage; mais notre drogman s'apaise et l'influence de Paulaki se fait heureusement sentir sur nos deux majordomes.

Les Turcs ne doivent pas être passés sous silence dans le tableau que j'ai tracé des habitants de Marasch.

Ils sont aussi dépravés moralement que les chrétiens, mais je les trouve moins coupables. Ils ont au moins une excuse à donner à ceux qui leur reprochent leur déréglement. Leur paradis essentiellement sensuel, pour être réalisé sur la terre, les entraîne dans les vices que les apôtres ont flétris.

Les Turcs peuvent répondre: « Nous sommes les sectateurs du Coran, non de la Bible; le ciel n'est qu'un harem agrandi. Libre à vous d'y voir autre chose. Quant aux reproches de saint Paul, nous ne les acceptons pas, c'est aux disciples du Galiléen à se les appliquer. » Or, la conscience chrétienne se tait, tant il est vrai qu'elle peut s'endormir jusqu'à paraître morte. Puisse le souffle divin la ranimer bientôt!

Les juifs sont en petit nombre à Marasch, ils semblent prendre à tâche de se faire oublier et réussissent assez bien.

LE TAURUS.

CHAPITRE XXXI.

Les régions inexplorées. — Difficultés de la route. — Départ de Marasch. — La fille de Jephté. — Les Zeithumlus. — Notre entrée solennelle au Zeithun. — Aspect général des abords du pays.

Le Taurus n'a jamais été parcouru dans son entier par des Européens. Ils n'ont guère visité que le littoral montagneux de la Méditerranée. Leur nombre ne dépasse pas sept: Corancez, Macdonald, Kinneir, l'amiral sir François Beaufort, Ainsworth et les comtes A. et L. Delaborde. Trois ou quatre voyageurs à peine se sont aventurés jusqu'aux portes de la Cilicie: Paul Lucas, le général Chesnay, MM. Barker et Kotschy. MM. Texier et Victor Langiois ont pénétré jusqu'au patriarchat de Sis. Le Zeithun leur a été fermé. Seuls quelques agents de France et d'Angleterre ont pu le visiter, mais sans le dépasser. Toute la région montagneuse qui sépare les monts Amans des portes de la Cilicie, restait inexplorée. George fut tenté de la parcourir, j'en fus bien aise et notre expédition fut décidée. Restait une difficulté majeure que la situation des diverses populations du Taurus peut seule expliquer, je vais tâcher de l'exposer en quelques mots.

Le Zeithun doit sa naissance à l'anéantissement par les Égyptiens (fin du quatorzième siècle) du royaume arménien fondé en Cilicie vers l'an 1085. Les vaincus qui purent échapper au massacre et à la transportation se retirèrent dans la montagne et réussirent à se grouper sur des points inaccessibles et particulièrement sur les chaînons où subsiste aujourd'hui la république du Zeithun.

Quand les Turcs ottomans parvinrent à s'emparer de la Cilicie, les montagnards demeurés dans leur retraite repoussèrent toutes leurs attaques, et depuis lors, ils ont gardé leur liberté.

Le reste du Taurus est habité par des Arméniens schismatiques et par des Turcomans indépendants, les uns et les autres placés sous le gouvernement d'un chef montagnard très-redouté qui commande à la tribu de Kosan-Oglou. — Juseph-Agah, que je décrirai plus intimement dans la suite, ne reconnaît pas d'autorité supérieure à la sienne et demeure inattaquable dans les ravins de la montagne que les Arméniens défendraient au besoin contre les Turcs.

De son côté, le sultan ne voit pas ces indépendants d'un bon œil, et pour les tenir en échec, il leur suscite tous les tracas imaginables, ayant soin de les environner de Circassiens qui ne cessent de les harceler.

Le besoin d'éviter les Turcs d'un côté, de l'autre la domination de Juseph-Agah poussent les Zeithumlus à menacer de mort quiconque oserait poser le pied sur leurs terres; ils mirent plusieurs fois cette menace à exécution, comme nous le verrons dans la suite.

Nous devons à une circonstance providentielle d'avoir pu franchir cette barrière insurmontable à vues humaines. Un Arménien, le prêtre Apardian, du Zeithun, a fait le voyage de Paris; il est parvenu, non sans difficultés, jusqu'à l'Empereur actuel; lui a dépeint la misère de son peuple, lui a décrit la pénurie de son Église, et le chef de l'État, après cette audience, lui a fait compter 2,000 fr. comme témoignage de sympathie chrétienne. Nous l'avons rencontré chez M. Saint-Chaffray, qui nous a recommandés à lui. « Si vous consentez à me suivre demain, nous dit M. Apardian, vous aurez toute la ville de Zeithun pour escorte. » Nous n'avons pu, malgré notre désir, accepter cette offre, et nous avons dû différer notre départ jusqu'au lundi 27. Les lettres du pacha de Marasch ne seront prêtes qu'à cette époque et ses zabtiés ne pourront nous suivre en toute sécurité qu'avec ce sauf-conduit de sa main. Mais Apardian préviendra ses concitoyens de notre arrivée, et la république nous enverra quelques jeunes gens pour nous guider au travers des défilés de la montagne.

J'ai cru devoir, avant d'introduire le lecteur dans l'intérieur du pays, lui donner pour plus de clarté ces quelques indications.

Lundi, 27 juin.

Nous avons pu, à grand'peine, nous procurer des chevaux. A cinq heures du matin nos paquets étaient faits, les adieux terminés; nous quittions le consulat et sa fraternelle hospitalité. Gaspary, l'élève drogman, un gawas et deux zabtiés nous accompagnent pendant la moitié du trajet. Joseph nous suit avec une figure qui ne brille pas par une parfaite sécurité. Nous lui avons adjoint un jeune garçon de seize ans qui parle l'arménien, le turc, l'arabe, l'italien et le français. Nous gravissons la montagne pierreuse qui domine Marasch, nous arrêtant par intervalles pour admirer des hauteurs le splendide paysage qui s'étale à nos yeux. La ville nous apparaît dans son cadre de verdure; mais vues de si loin et de si haut, les maisons se rapetissent et la cité bientôt semble tenir dans le creux de ma main. Deux heures de marche suffisent pour opérer cette transformation. N'est-ce pas là l'image frappante de ce qui nous arrive quand nous quittons un instant les intérêts de la terre pour ceux du ciel? Les premiers diminuent et s'amoindrissent tellement qu'on se prend à regretter de leur avoir donné tant de prix; mais si nous leur accordons une préférence marquée, nous les verrons reprendre des proportions effrayantes, parce que nous aurons quitté les sommets divins qui nous les faisaient apprécier à leur valeur.

Sur le versant d'une colline, dans un frais vallon près des eaux courantes, nous rencontrons un groupe de femmes qui se lamentent. L'une d'elles, jeune encore, presse contre sa poitrine quelques pauvres hardes. La violence de sa douleur nous émeut jusqu'au fond de l'âme. Nous questionnons le gawas du consulat, qui nous répond : « Il y a quelque temps qu'une jeune fille mourut; elle était très-aimée de ses compagnes, et depuis lors ses amies se réunissent ici pour la pleurer à tous les anniversaires de sa mort. »

Ainsi se lamentaient sur les montagnes de Galaad la fille de Jephté et ses compagnes. Ce souvenir biblique m'a fait voir une fois de plus que les moindres détails de la parole de Dieu reçoivent partout leur confirmation. Nous nous sommes arrêtés pour prendre le repas du matin dans une gorge où coule une source très-fraîche. Assis sous un gros platane, nous distinguons sur une éminence douze montagnards armés qui paraissent marcher vers nous. Les canons de leurs fusils luisent au soleil, et comme ils sont passés en bandoulière sur leurs épaules, nous leur supposons des intentions pacifiques. Bientôt ils nous abordent et viennent nous saluer l'un après l'autre. Leur chef s'adresse à nous par l'intermédiaire de notre jeune interprète :

« Seigneurs, nous sommes envoyés par les chefs de la république pour vous escorter sur les terres du Zeithun. Soyez les bienvenus ! Que la paix soit avec vous ! »

Nous répondons par des remercîments, et comme nous manquions de provisions pour tous, nous avons invité les deux chefs à déjeuner et fait boire du café au reste de la troupe. Tous ces montagnards sont jeunes ; le plus âgé ne dépasse pas vingt-cinq ans ; tous ont l'air ouvert, aimable, distingué ; nous avons peine à nous figurer qu'on risque quelque danger à passer au milieu d'eux sans escorte.

On les dit très-adroits au tir au fusil. Pour nous en assurer, nous avons proposé un medjidi[1] à ceux d'entre eux qui toucheraient une petite pierre placée à 200 mètres de notre poste : personne ne l'a gagné, mais leurs balles se sont logées autour du but. George a rivalisé d'adresse à leur grand contentement. Les Zeithumlus ont une sigulière façon de faire le coup de feu : ils grimpent comme des chats dans un arbre, se cachent dans le feuillage, appuient le canon de leur arme sur une branche et visent avec assez de précision.

Rien de plus beau que leur pays. Grands pins,

---

1. Le medjidi vaut 4 fr. 50 c.

platanes énormes, chênes verts reposent délicieusement les yeux; ruisseaux qui serpentent, torrents qui se précipitent, sources limpides et glacées étanchent la soif et maintiennent les défilés dans un état de verdure permanent, malgré l'ardeur dévorante du soleil. Gaspary nous a quittés; nous demeurons seuls, George et moi, et sentons un besoin redoublé de fermeté et de prudence.

Nos montagnards marchent processionnellement le fusil sur l'épaule, les deux mains jetées en arrière et reposant l'une sur la crosse, l'autre sur le canon. Nous faisons halte près d'un grand cours d'eau. Joseph nous prépare du café; pendant ce temps, notre escorte se déshabille, et la troupe entière, moins les deux chefs, se jette à la nage et lutte de vitesse. Ils crient, prennent leurs ébats dans le fleuve rapide, et semblent dans leur élément. Une heure après, nous étions en marche. Le soleil ne tarde pas à disparaître derrière les montagnes, et il est remplacé par une délicieuse brise qui nous pénètre sans nous glacer.

De temps à autre, nos Zeithumlus tirent des coups de feu pour nous faire honneur; le sentier devient de plus en plus ardu; mais nos bêtes ont le pied solide. Au détour du chemin, nous voyons venir à nous trois ou quatre cavaliers. L'un d'eux, monté sur un animal fougueux, le mène avec beaucoup de grâce. Sa veste rouge, brodée d'or, son pantalon bleu, son machelas blanc[1] qui flotte au gré de la brise, son teint brûlé par le soleil et que le crépuscule fait paraître plus noir encore, lui donnent l'aspect d'un chef de spahis. C'est le prince Kosroïan, l'un des principaux guerriers de la république, qui s'offre à nous avec une aisance digne d'un grand seigneur.

Son Altesse a laissé derrière elle toute une procession de citoyens, qui tiennent à honneur de montrer aux Français qu'ils ne sont pas ingrats. Nous marchons au milieu d'une vraie fusillade. La nuit vient à grands pas; nous allons être à la merci de nos chevaux, parmi des précipices, dont les ténèbres nous empêchent de voir le fond. Peut-être ne serions-nous pas plus avancés s'il faisait jour. A chaque minute notre cortége s'augmente de nouveaux arrivés, qui nous saluent en se prosternant. Nous devons à tout moment mettre la main sur notre cœur, et la porter à notre tête pour répondre au respect dont nous sommes entourés. J'ai vraiment le bras fatigué. Les coups de pistolet, de fusil, se succèdent sans interruption. On répond de la montagne par des salves nombreuses de mousqueterie. Le prince a pris place entre George et moi, et nous chargeons notre drogman de lui dire combien nous sommes touchés d'une telle réception. Le prince répond : « Vous êtes chrétiens, vous êtes

---

1. Léger burnous.

Français ; nous ne séparerons plus ces deux mots et nous les unirons pour dire que vous êtes nos frères. Si vous étiez arrivés de jour, vous auriez eu toute la ville pour escorte. » Le prêtre Apardian vient de nous atteindre ; il nous serre la main et marche à mes côtés, le bras appuyé sur le cou de mon cheval. J'en suis bien aise, car il le dirigera mieux que moi. Des ombres viennent de surgir au sommet d'un monticule, elles sont vaporeuses comme des fantômes. Tout à coup la colline s'éclaire et dix montagnards nous apparaissent ; ils viennent de nous saluer par autant de coups de feu, puis tout retombe dans l'obscurité. Après une bonne heure passée dans des gorges impossibles, nous distinguons quelques maisons de l'autre côté d'un ravin. Finalement, nous nous arrêtons au couvent après douze heures de marche, entrecoupées de haltes pour permettre à nos chevaux de souffler. Je regrette de ne pouvoir donner qu'une bien pâle idée de notre réception. J'entends encore à l'heure qu'il est l'écho de la montagne, reproduisant les coups de feu tirés en notre honneur avec un roulement semblable à celui du tonnerre ; mon seul regret, avant de m'endormir, est de ne pouvoir dessiner quelques-uns des sites qui nous ont charmés.

CHAPITRE XXXII.

Réception au couvent de Zeithun. — Un dîner sans pain. — La ville et ses habitants. — Les églises. — Le palladium du Zeithun. — Les cloches. — Les noyers illustres. — Les bains publics.

A peine installés sur une galerie du monastère, nous voyons venir à nous les principaux du pays: princes, prêtres, officiers, administrateurs: ils nous saluent et s'accroupissent en face de nous.

L'évêque du Zeithun est charmant, il questionne et discute avec beaucoup d'animation, et s'arrête à la vue d'un plateau chargé de riz, d'œufs et de lebben, mais non sans ajouter: *Voilà qui va nous fermer la bouche.*

Kosroïan se place à côté de George, monseigneur à mes côtés. Je vois devant moi quelque chose qui ressemble à une serviette mal lavée. Je demande à Joseph un peu de pain, il me répond: « Monsieur, vous en avez devant vous. — Mais Joseph, c'est un essuie-mains. — Non, Monsieur, c'est du pain. » Je m'aperçois alors de l'usage de ma prétendue serviette; on la déchire en morceaux que l'on place dans le creux de sa main de manière à pouvoir plonger ses doigts sans les salir dans tous les plats

C'est une pâte molle, épaisse comme une feuille de papier repliée deux ou trois fois sur elle-même et d'une couleur grisâtre, non pas que le blé qui la compose soit mauvais, mais parce que les mains qui l'ont pétrie n'étaient pas propres. Les Zeithumlus mangent avec leurs doigts, cela va sans dire, du reste assez proprement.

La ville est située sur le versant d'une haute montagne. Elle est bâtie en terrasse. Il semble que chaque maison ne soit que la marche d'un escalier qui conduit à une autre.

Le chiffre de la population s'élève à 20,000 habitants. Des rues tortueuses et rocheuses obligent tout voyageur à d'excessives précautions s'il veut garder ses membres intacts. La principale industrie des Zeithumlus consiste dans la fonte et les diverses préparations que le minerai doit subir avant de devenir le fer, que l'on transforme ensuite de mille manières. Les montagnes alimentent les nombreux fourneaux de la ville et donnent aux habitants du travail et du pain.

La cité renferme aussi des Turcs auxquels le gouvernement du pays accorde, à son honneur, la plus grande tolérance, mais ils sont en faible minorité.

Mardi, 28 juin.

J'ai parcouru ce matin la cité sous la conduite du prince et de notre jeune drogman. A chaque pas les citoyens se levaient respectueusement et grossissaient notre cortége, si bien qu'au bout de dix minutes près de deux cents personnes nous suivaient. J'ai pu visiter les églises ; elles sont pauvres et décorées de tableaux où l'art est à l'état d'enfance. Kosroïan m'a fait admirer une grosse tête de saint Jean-Baptiste, posée dans un très-petit plat et maintenue en équilibre par deux petits anges dont la forme dépasse toute idée. L'architecture est nulle dans ces édifices. Ce sont de vastes hangars où la charpente joue le principal rôle. Ils sont au nombre de cinq et se ressemblent. Des verres bleus et rouges, suspendus à des bouts de cordes unis entre eux par des nœuds grossièrement faits, ajoutent à l'aspect misérable du bâtiment. Les cinq paroisses sont desservies par quinze prêtres, dont quelques-uns logent au couvent que nous habitons.

Le Zeithun a son palladium. C'est un évangile sur lequel expira l'infidèle Vasile. Si la légende est vraie, voici l'origine de cette précieuse relique. Vasile devait prêter serment dans une circonstance solennelle : il ne craignit pas de mentir. Tout à coup une main qu'on ne vit pas le frappa d'un coup de poignard, et son sang de parjure jaillit et vint tacher les feuilles du divin manuscrit. Dans les jours de fête et aussi quand la république est menacée, la relique est tirée de son étui pour être exposée à la vénération des fidèles.

Les cloches du pays méritent une mention. Il va

sans dire qu'on ignore ici nos énormes machines; elles suffiraient pour la plupart à faire crouler les églises vermoulues des pauvres Arméniens du Taurus.

Les prêtres, pour appeler les fidèles à la prière, ont imaginé de suspendre une planche en bois très-dur, longue de 1^m,50, large de 50 centimètres; deux cordes la retiennent à chaque extrémité. Une plaque métallique de même dimension vient se ranger à côté de la première sans la toucher, le même système d'attache la relie soit à la fenêtre d'une tour, soit au sommet d'une terrasse.

Deux prêtres (quelquefois un seul), munis de deux marteaux, font vibrer tour à tour les deux plaques. Ils arrivent à donner à leurs coups un rhythme dont ils ont le secret. Tantôt les cloches font entendre le roulement du tambour, puis le mouvement se ralentit et se termine par un bruit sec et prolongé pour recommencer de plus belle et finir par un vacarme étourdissant.

J'ai vu les noyers illustres du pays; ils sont au nombre de six. Je me suis laissé dire par le prince Kosroïan que les espions vinrent le prévenir un jour qu'on avait vu rôder sur le territoire une bande de Circassiens pillards de femmes et d'enfants. Les six noyers se couvrirent immédiatement, non de leurs fruits, mais de la jeunesse du pays qui mitrailla bel et bien les voleurs au milieu de la nuit et les massacra jusqu'au dernier. Les corps des Circassiens furent inhumés au pied d'un roc gigantesque surmonté d'une croix en fer. Je demandai au prince s'il ne redoutait pas d'autres attaques; il sourit et me répondit en me désignant l'immense pierre: « Il reste encore beaucoup de place autour du rocher. »

Avant de regagner le couvent, nous avons admiré au nord-ouest le lit profond creusé dans le roc par les torrents de la montagne. Les pierres torturées, percées à jour malgré leur massive résistance, laissent couler l'eau tantôt en cascades étincelantes, tantôt en mince filet qui chante et murmure comme en se jouant à travers la mousse qui les tapisse. Le fond du précipice donne le vertige au plus intrépide, et je suis encore à me demander comment nous avons pu de nuit cheminer dans un lieu pareil sans nous rompre vingt fois le cou. C'est Dieu même qui l'a voulu.

Les abords de la rivière sont sillonnés de baignoires en bois où les femmes viennent faire leurs ablutions en plein air sans souci des passants ni de la pudeur. J'ai dit à Kosroïan que je ne comprenais pas une telle habitude; il m'a répondu sans sourciller : « Qui veux-tu qui pense à mal, ce sont nos filles, nos femmes et nos sœurs. » Je regrette de n'avoir pas pu poursuivre notre conversation sur un tel sujet, mais on est venu chercher le prince qui m'a donné deux jeunes gens pour guides et m'a salué avec sa grâce habituelle.

Le soir venu, j'atteignais le couvent.

CHAPITRE XXXIII.

Mœurs et coutumes du Zeithun. — Les prêtres. — Les vieillards et les princes. — La Revue des Deux-Mondes *en Arménie. — Chant de guerre des montagnards. — Départ du couvent. — Les quatre Zeithumlus et nos zabtiés.*

Les mœurs des Zeithumlus sont douces et leur caractère facile. Jamais ils n'ont commis de meurtre ayant le vol pour mobile. Leur probité est telle que les prisons n'existent pas dans tout leur territoire. Si l'un des leurs commet un crime, on l'exile; s'il montre du repentir ou si les circonstances plaident en sa faveur, on l'enferme dans un couvent pour y faire pénitence, et quand il en est sorti, on l'oblige à distribuer des aumônes selon sa fortune.

Les hommes forgent le fer; les femmes élèvent des vers à soie. Les enfants vont à l'école jusqu'à l'âge de dix ans au plus. L'éducation qu'ils y reçoivent est fort incomplète, par la simple raison qu'un maître ne peut enseigner que ce qu'il sait. En religion, s'ils tolèrent les Turcs, ils ne supportent pas les renégats. En 1845, un de leurs prêtres fut brûlé vif après avoir été scalpé pour avoir abjuré à la suite de contrariétés auxquelles il ne sut pas se résigner. Les habitants du lieu racontent naïvement cette exécution sans se douter qu'elle n'est pas en leur honneur.

Je puis dire, à ne les juger que dans leurs rapports avec nous, qu'ils poussent leur désir de nous plaire jusqu'à la délicatesse la plus touchante.

Quand les citoyens veulent opérer une réforme, corriger un abus, améliorer leur pays, ils vont trouver les prêtres, les réunissent en conseil et leur soumettent leurs projets ou leurs griefs. Les prêtres, après avoir pris note des réclamations qui leur sont adressées, réunissent les vieillards en manière d'aréopage pour les instruire des vœux de la population. Les vieillards délibèrent, rejettent les projets qui leur paraissent nuisibles et ne gardent pour les patronner que ceux qui peuvent servir les intérêts de la nation. Reste le pouvoir exécutif composé de quatre princes que la noblesse de leur origine ou simplement de leurs idées et de leurs sentiments a mis à la tête de la république; ils écoutent les vieillards avec déférence, parce que l'initiative d'une réforme ne peut venir d'eux sous aucun prétexte, et si les projets qui leur sont soumis leur paraissent dignes d'être sanctionnés, ils les exécutent.

Comme tous les pouvoirs dépendent du suffrage populaire, les princes ne sont en réalité que les maires de la république, c'est leur patriotisme qui les a mis à la tête de leurs concitoyens, la moindre faute pourrait les reléguer au dernier rang.

En temps de guerre, les princes opèrent une levée en masse; elle comprend de 7 à 8,000 combattants de 16 à 65 ans, armés à leurs frais. Telle est, en quelques mots bien rapides, l'organisation intérieure du pays où nous nous trouvons.

Le prêtre Apardian vient m'apporter en triomphe une brochure française de M. Victor Langlois. C'est un extrait de son article de la *Revue des Deux-Mondes* sur les événements du Zeithun en 1862. Notre honorable compatriote n'a vu du territoire de la république arménienne « que ce qu'on voit de la Vénétie, lorsque, arrivé à la douane de Peschiera, on s'aperçoit qu'on a oublié son passe-port[1]. »

Je crois que, s'il y retourne, il y trouvera l'accueil le plus chaleureux, et j'ajoute le mieux mérité.

Les Zeithumlus ont quelques rares chants populaires qui ne manquent pas d'un certain souffle; il en est un surtout qui jouit au milieu d'eux d'une grande réputation. C'est un morceau de poésie composé par un Vartabel après la défaite de Kourschid-Pacha, gouverneur de Marasch en 1859. En voici la traduction par M. Langlois; elle montre que les Arméniens savent défendre la liberté le mousquet à la main, et chanter la victoire en des vers dignes d'elle.

« Accourez, mes frères, venez entendre le récit de nos hauts faits; comment l'infidèle Kourschid, qui voulait nous anéantir, fut écrasé.

---

1. *Revue des Deux-Mondes*, 15 février 1863, page 20.

« Écoutez, mes frères, le récit de l'agression de Kourschid-Pacha. Oh! cette année fut glorieuse pour nous!

« L'impie était décidé à nous massacrer, afin d'enlever nos femmes, nos enfants et nos biens;

« Mais qu'il ne compte plus sur ses milliers de soldats, qu'il tremble désormais devant nous, et que ceux de Marasch apprennent aussi à respecter la foi du serment!

« Salut à nos chefs qui nous conduisirent sur le champ de bataille, salut à nos sages gouverneurs qui veillent à notre sûreté, salut à nos valeureux princes, et vive notre pays!

« En ce moment sublime, *Jénidunian* s'écrie : « En avant tous ensemble! plus de crainte; je vous procurerai un riche butin! »

« *Surénian* reprend : « Je commande à mille guerriers qui vont courir à la mort pour défendre l'indépendance; marchons à l'ennemi! »

« *Kosroïan* crie à son tour : « Arrêtez! c'est à moi de marcher le premier à la tête de nos guerriers; c'est à vous de suivre mon exemple et de repousser l'invasion musulmane. »

« *Balian*[1] reprend: « Admirez mes braves; enviez et ma poudre et mon plomb. Prenez tout et tirez juste; mes biens, mes fusils et ma vie sont à la nation. »

« Garabed le kaïa dit à son tour : « Libre monta-

---

1. Les noms imprimés en italique sont ceux des princes du Zeïthun.

gnard c'est à moi, gardien du Zeithun, de défendre le chemin de la liberté. A moi, mes fils, à moi! ayons foi en Dieu et montrons-nous dignes de nos ancêtres en abaissant l'orgueil d'un pacha exécré.

« Mes greniers sont garnis de blé. Ne comptez plus sur des secours; un pain par jour, et combattons dix ans. Nous avons bien assez vécu; il faut nous sacrifier au salut de nos frères. Dieu et la croix sont avec nous! »

Mercredi, 29 juin.

Nous quittons le couvent à quatre heures du matin sous la conduite de l'évêque, et nous descendons à la ville, où les notables nous rejoignent. Mais ici survient une difficulté. Personne n'ose s'aventurer avec nous dans les montagnes du Taurus. Les Zeithumlus redoutent beaucoup les Circassiens, leurs ennemis. Nous avons beau nous époumoner, George et moi; crier aux vieillards que nous n'avons nulle envie d'être imprudents; que nous ne nous servirons de nos armes qu'à la dernière extrémité, mais qu'alors nous sommes fermement résolus à faire payer cher notre vie; que nous n'exposerons pas plus leurs concitoyens que nous-mêmes, et que nous aurons bec et ongle pour les défendre si on les attaque.

Tous ces *que* les touchent médiocrement et personne ne se décide. Joseph nous déclare qu'il les comprend. Survient Kosroïan, le prince. George lui demande avec vivacité s'il a fait la guerre. Il sourit et l'un des siens nous répond : « Si lui ne l'a pas faite, qui donc la fera? » Nous lui reprochons la poltronnerie de ses concitoyens, il nous répond : « Vous êtes jeunes et vous ne connaissez pas les Circassiens; nous leur avons tué pas mal des leurs, ils doivent s'en souvenir et peuvent faire un mauvais parti à ceux des nôtres qui vous suivront. » George réplique : « Je croyais que les Zeithumlus étaient braves et à toute épreuve, je vois avec peine que je me suis trompé. Nous partirons seuls, puisque personne ne veut nous suivre. Adieu. »

Au moment où George met le pied à l'étrier, le prince, qui n'a rien répondu, mais sans le quitter des yeux, lui pose la main sur l'épaule et l'arrête. Puis il fait un signe et tout à coup nous voyons apparaître quatre montagnards armés de pistolets et de fusils qui viennent se ranger à nos côtés. Leur robe est retroussée jusqu'à la ceinture pour ne pas gêner leur marche. « Vous pouvez partir, nous dit le prince, ces hommes vous conduiront, allez et que Dieu vous protége. »

Joseph s'emporte alors; il avait espéré que nous ne mènerions pas à bonne fin nos projets d'excursion. « Messieurs, c'est de la folie; nous allons perdre notre tête. » Joseph ne perd que sa voix dans un déluge de lamentations.

Au moment du départ, nous remettons un *bagchich* au prince pour qu'il veuille bien le partager entre les hommes qui sont venus à notre rencontre sur la route de Marasch. Le prince saisit vivement le bras de George, qui lui tend son offrande et lui dit avec un visage animé : « *Garde ton argent, ce serait une honte pour eux s'ils l'acceptaient.* » Je fais observer à Kosroïan que s'il peut nous ôter le plaisir de témoigner notre reconnaissance aux jeunes gens de son pays, il n'a pas le droit de nous empêcher de faire la charité. « Prends, lui dit George, pour les pauvres. » Le prince saisit la pièce d'or entre ses deux doigts et la remet, sous nos yeux, à l'évêque, qui s'incline.

Nos quatre Zeithumlus jettent un coup d'œil dédaigneux sur nos zabtiés. Il y a de la haine dans leur regard, et nos cavaliers turcs me semblent un peu décontenancés. Nous échangeons des poignées de main et des adieux, puis nous commençons l'ascension.

Le plus âgé de nos montagnards entonne le chant de guerre comme oublieux de l'ennemi qui n'a qu'une gâchette à presser pour lui casser la tête; nos chevaux semblent s'animer à sa voix et marcher avec plus d'entrain.

CHAPITRE XXXIV.

Beautés du Taurus. — Un vieux sapin. — La plaine et les Circassiens. — Une halte à Kiradji-Oglou. — Sentiers impossibles et marche forcée. — Ténèbres et précipices. — La mort vue de près. — Arrivée à Hatchin.

Nous suivons un sentier rapide, presque à pic. A droite, rochers gigantesques, élevant jusqu'aux cieux leur tête altière; à gauche, cimes boisées, noyées dans les nuages. Personne n'a rien décrit de plus beau que ce que nous admirons. C'est l'œuvre même de Dieu; nul autre que lui n'y a mis la main. Grands pins tourmentés par l'orage, platanes aux larges feuilles; sapins déracinés et laissés sur le sol jusqu'au jour où la poudre les aura repris; peupliers desséchés, n'attendant qu'un ouragan pour s'abattre et former un pont naturel sur le torrent qui les a vus naître. Tout est vert sur les hauteurs et dans les ravins parcourus par de fréquentes sources d'eau. Les cigales stridentes viennent seules troubler le silence imposant et grandiose qui nous entoure; le soleil semble nous sourire à travers la ramure des arbres, et le ciel bleu sur nos têtes remplit nos cœurs de reconnaissance pour celui qui l'habite et nous protége. Nous nous arrêtons, après quatre heures de marche, dans une clairière semblable à un parc bien entretenu. A nos pieds gronde doucement un clair ruisseau ; devant nous, un sapin mort, quoique debout, semble nous regarder et nous dire :

« Comme vous, j'étais jeune, vigoureux, plein de «séve et d'ardeur; mais le vent a soufflé; il a dis-«persé mes feuilles; les ans sont arrivés, ils ont «éteint mes forces et me voilà à la merci du pre-«mier orage qui va gronder, ou plutôt de la volonté «de Dieu qui m'a soutenu jusqu'à présent. Votre «force aussi s'en ira; votre vie vous sera reprise par «celui qui ne fit que vous la prêter. Songez dès «maintenant à user de l'une et de l'autre pour la gloire «de votre maître et du mien. »

Ainsi parla le vieux sapin ; je l'écoutais encore en reprenant notre marche à travers montées et descentes. Ce que tu fais à présent ne te figure-t-il pas la vie? Des hauts et des bas, plus souvent des bas que des hauts. Supplie Dieu de te prendre à lui. Je ne sais si l'air de la montagne y est pour quelque chose, mais je me sens comme dans un temple depuis quelques jours.

Enfin nous sommes dans la plaine. Nous rencontrons des Circassiens à mine de brigand ; la faux sur l'épaule, le sabre au côté, le bonnet de fourrure sur la tête, des pistolets à la ceinture, un fusil sous le bras et des cartouchières à la poitrine. Nos Zeithumlus ne les quittent pas des yeux. George et moi nous tenons sur la défensive. Joseph tremble des pieds à la tête et se colle entre nous deux en murmurant : « Messieurs, les voyez-vous ! » Ils nous regardent passer comme des furieux, mais sans rien dire.

Les zabtiés turcs n'osent faire un pas ni un geste vers eux, non pas qu'ils aient à en redouter quelque chose, mais à cause des Zeithumlus. Ces derniers les fusilleraient au moindre mouvement qui pourrait les signaler à la vengeance de leurs ennemis. Nous les dépassons et nous atteignons un jeune Circassien sans armes, juché sur un chariot traîné par deux bœufs. Son véhicule ressemble à tous les chariots, mais les roues n'ont pas de bras, c'est le tronc d'un arbre arrondi qui les compose ; il est percé au centre pour laisser passer l'essieu qui supporte la caisse. On dirait une meule de moulin. Plus loin, un homme monté sur une planche, traîné par deux bœufs, décrit une circonférence sur le sol, c'est leur manière de fouler le grain et de le faire sortir de l'épi qui le renferme.

A quelques pas de là nous apercevons une petite ville, et notre escorte s'arrête pour délibérer. Les zabtiés nous apprennent qu'elle se nomme Gogsun ; elle est musulmane et nous pouvons aller demander au pacha l'hospitalité. Nos Zeithumlus nous prient de n'en rien faire, les Musulmans leur sont suspects à bon droit. Ils nous conduiront au campement chrétien de Kiradji-Oglou. Les zabtiés y seront bien traités. Nous nous décidons à suivre nos montagnards, et nos cavaliers turcs nous déclarent qu'ils iront coucher à Gogsun pour nous rejoindre le lendemain. Nous nous y opposons, parce qu'il suffirait d'une indiscrétion de leur part pour faire emprisonner et mettre à mort nos Arméniens. Les zabtiés résistent et nous sommes réduits, pour les contraindre à nous suivre, à dénouer nos fouets; l'un d'eux essaye de s'échapper au galop. Un Zeithumlus le couche en joue; notre homme s'arrête court et revient sur ses pas. Nous le menaçons d'une forte correction s'il recommence, et nous nous dirigeons vers le campement chrétien que nous atteignons à six heures du soir. Il n'a fallu rien moins que le danger couru par nos guides pour nous décider à sévir.

Les chrétiens du campement nous saluent, nous entourent, nous offrent leur plus belle tente, nous apportent du lait, du beurre, des œufs; nous nous étendons sur un tapis, et roulés dans nos manteaux nous nous endormons après avoir fait d'incroyables efforts pour avaler la pâte détestable qu'ils appellent du pain.

Jeudi, 30 juin.

Au lever du soleil nous sommes déjà loin dans la plaine de Kiradji-Oglou. Des nuées de blanches cigognes piétinent le sol, et des bœufs aux larges cornes nous regardent passer en ruminant, comme si nous étions pour eux des animaux inconnus. Quelques chariots grincent à travers les pierres du chemin et vont avec lenteur déposer en lieu sûr le foin qui les surcharge. Le soleil nous brûle et nos zabtiés en profitent pour nous déclarer qu'ils n'iront pas plus loin. Nous leur ordonnons de marcher en les menaçant du fouet; ils résistent. George frappe l'un d'eux, qui se retourne vers Joseph en lui disant tranquillement: « Ce doit être un bien grand seigneur, car il tape fort. » Un autre zabtié descend de cheval et profite de ce qu'il est dans un campement circassien pour refuser de faire un pas de plus. Nous le menaçons, il résiste; bref, il nous contraint à nous armer encore d'un fouet pour le faire obéir. Chaque retard, chaque imprudence, peut coûter la vie d'un Zeithumlu. Le soldat met la main sur ses armes, nous lui déclarons que s'il fait un mouvement, il est mort, et nous le voyons remonter alors sur sa bête et avancer non sans grogner un peu.

Nous parcourons des sites charmants, frais ombrages peuplés de chanteurs ailés, clairs ruisseaux bordés de mousse et de fleurs, cris des insectes dans les hautes herbes, la nature entière semble remercier Dieu du bonheur dont elle jouit. Deux heures après nous sommes en pleines montagnes. Là, plus le moindre voyageur, pas ombre de passant; nous avons remarqué pour tout monument les ruines d'une chapelle sur laquelle personne, dans tout le cours de notre voyage, n'a pu nous donner le moindre renseignement.

Nous sommes dans un verger merveilleux. Les chênes, les pins, les platanes énormes, les myrtes odorants, les lauriers-roses se disputent la terre embaumée par les aubépines. Tout à coup la montagne semble s'arrêter, nous sommes à la cime d'un roc au pied duquel roule et se précipite un torrent presque aussi large que le Rhône en certains endroits, quoique bien moins profond. Nous tentons la descente sur un espace qui n'a pas plus de 25 centimètres de large ; un seul faux pas et nous sommes perdus. Je suis encore à me demander comment le mulet qui portait nos valises n'a pas roulé vingt fois dans le précipice. Nos montagnards couraient comme des chèvres sur cette route impraticable, impossible, et n'avaient de souci que pour George et pour moi. Leur œil nous suivait, et leur voix tantôt grondeuse et tantôt pleine d'assurance nous avertissait de l'écueil ou nous poussait à avancer. Les signes de croix de Joseph allaient se multipliant, je n'ai jamais pu savoir s'il marmottait des prières ou murmurait des menaces. Quant à nos zabtiés, ils étaient prudemment descendus de cheval et montraient qu'il est un point par où tous les hommes se ressemblent: c'est le désir de ne pas mourir au fond d'un ravin. Je crois que si l'un d'eux se fût cassé la tête, nous n'aurions pas eu grand effort à faire pour consoler nos Zeithumlus. Enfin, nous voilà sur les bords du fleuve. Tout le monde respire à pleins poumons, et Joseph s'étend de tout son long pour boire tout à son aise. Quel malheur que je ne puisse pas dessiner ces figuiers dont les feuilles altérées se penchent languissamment vers l'eau courante, ce rocher dont la cime se perd dans la nue, dont la base gît dans l'abîme et qui forme une montagne à lui tout seul; cette cascade qui vient se briser contre ces grands peupliers qu'elle brisera à son tour. Toutes ces merveilles nous éblouissent, et nous ne les quittons qu'à regret. Et dire qu'au delà de ce ciel bleu, de cet éblouissant soleil se cachent des merveilles supérieures, et qu'elles seront contemplées par nous un jour si nous sommes fidèles; il faut à notre âme cette consolation suprême, les plaisirs terrestres ne sont supportables qu'à ce prix-là, et les jouissances les plus pures d'ici-bas, pour être abandonnées sans désespoir, ont besoin de l'espérance qui nous les fait voir agrandies dans l'avenir et de la foi qui nous en assure l'éternelle possession.

Après la descente il faut escalader l'autre côté du précipice et nous nous y décidons après avoir traversé le fleuve. Si l'un de nos bien-aimés pouvait nous voir sur nos chevaux dans la position d'une aiguille sur le cadran solaire, il frémirait, j'en suis sûr, et nos concitoyens traiteraient d'excentriques, pour le moins, les écervelés qui ne craignent pas de se lancer sur un sentier pareil. Je me tenais à peu près ce langage pendant l'ascension; mais une fois arrivé, j'ai regardé le chemin parcouru avec un certain plaisir.

J'ai joui de ces lieux et de leur épouvante. Nous mettons pied à terre afin que nos chevaux puissent librement reprendre haleine, et nous expédions à Hatchin un zabtié, pour qu'il prévienne le patriarche de notre arrivée.

Le gendarme montre de l'humeur et refuse d'obéir: nouvelles menaces auxquelles il se dérobe au galop; mais comme il ne peut aller que là où nous l'envoyons, nous lui laissons prendre les devants et nous poursuivons paisiblement notre route.

Le soleil dore la cime des montagnes; ses rayons sont voilés par un bouquet d'arbres, les objets prennent déjà des formes fantastiques, qui ne tardent pas à disparaître dans la nuit sans lune et sans étoiles, nos chevaux s'avancent avec précaution sur un espace étroit que nous ne pouvons distinguer, je sens le mien qui tire sur la bride pour mieux voir la place de son pied.

Nous entendons l'eau chanter bien au-dessous de nous, et je ne puis m'empêcher de songer qu'il suffirait d'un caillou glissant, d'une branche morte, d'un mouvement d'effroi de nos montures pour changer le précipice en sépulcre et l'eau du torrent en linceul glacé.

Je trouve dans ce moment suprême une douceur infinie à penser aux promesses de Dieu, à me les appliquer : «Les cheveux de ta tête sont tous comp-
« tés, il n'en tombera pas un seul sans la volonté de
« ton Père qui est aux cieux..»

Des ténèbres épaisses nous enveloppent, et l'étroit sentier va se rétrécissant jusqu'au moment où la ville nous apparaît, à plusieurs centaines de pieds au-dessous de nous. Nos Zeithumlus effectuent devant nous une descente à pic et nous invitent à les suivre, leur voix nous guide et nous indique la position que nous devons prendre. Enfin, nos chevaux ont repris leur aplomb et nous notre équilibre ; nous sommes dans un faubourg désert. L'un de nos montagnards frappe à une porte, qui nous permet de voir les difficultés du terrain. Mais où est le couvent et notre zabtié? personne ne peut nous le dire. Nos moukres épuisés se couchent sur la terre et refusent de faire un pas de plus. Nous avons marché durant quatorze heures, sans tenir compte des temps d'arrêt ; mais comme personne n'a fait un pas de plus que nous, nous exigeons des nôtres qu'ils nous suivent jusqu'au bout : *Vous pouvez nous couper la tête*, réplique notre escorte, *nous ne bougerons pas*. Nos montagnards s'impatientent, et l'un d'eux s'élance et disparaît en nous laissant pérorer pour essayer de faire entendre à notre troupe qu'il ne faut plus que quelques efforts pour toucher au but.

Plusieurs torches viennent de briller dans l'obscurité. Bientôt nous reconnaissons la figure toujours intrépide de notre brave Zeithumlu, malgré ses quatorze heures de marche à pied par la route que vous savez. Deux hommes appartenant au couvent l'accompagnent, et nous invitent à franchir une muraille au delà de laquelle se trouve l'asile tant souhaité. George s'élance, je le suis, et nos deux chevaux, qui sentent l'écurie tout près, retrouvent leur ardeur passée. Nous sommes arrêtés par des cris et un bruit de mur qui s'écroule. Le cheval de Joseph, monté par un poltron qui le retient probablement par la bride au moment de son élan, met les deux pieds de devant sur la barrière et dans ses efforts pour se tenir la renverse. Joseph a réussi à se dégager, et n'a pas reçu la moindre éclaboussure du dégât qu'il a fait. Les autres passent par la brèche et tout le monde arrive, brisé, dans le monastère où le plus cordial accueil nous attend.

CHAPITRE XXXV.

Un repos bien gagné. — Le patriarche et les religieux. — Le pain retrouvé. — Départ de nos Zeithumlus. — La ville de Hatchin et ses habitants. — Intérieur des églises. Une école arménienne. — M. Nazareth et la littérature française à Hatchin. — Chrétiens et Turcs. — Pourquoi les Arméniens resteront schismatiques.

Vendredi, 1er juillet.

Pendant que les moukres déchargent leurs chevaux, le patriarche de Hatchin nous offre gracieusement une place à ses côtés; nos braves montagnards, qui n'ont pas de bêtes à panser, déposent leurs armes dans un coin et se promènent comme s'ils avaient besoin de se détendre les nerfs. Devant nous deux réchauds, supportés par des tiges en fer de plus d'un mètre de haut et chargés de bois résineux, illuminent la terrasse. Le patriarche est jeune, quarante ou quarante-cinq ans environ, son sourire est bienveillant, sa parole est douce et sa conversation spirituelle. Quelques prêtres assez jeunes nous entourent et écoutent sans prendre part à l'entretien, notre jeune interprète nous traduisant en français les paroles de leur directeur et lui transmettant les nôtres. Nos zabtiés ont l'air décontenancés. Nous leur faisons passer du tabac et nous prions monseigneur de vouloir bien donner à notre escorte quelque chose à manger. Deux prêtres se lèvent et font apporter le plateau traditionnel, chargé de lebben et de riz. Quand les nôtres sont bien restaurés, nous prenons, George et moi, quelques aliments; la fatigue a dompté notre appétit : nous touchons du bout des dents aux œufs et au pilaf placés devant nous; il est un mets qui m'a remis en train: c'est du pain de seigle. Ah! quelle joie j'ai ressentie en le retrouvant! Il y a plus d'un mois que je l'avais perdu de vue et de goût. Jamais je n'avais si bien compris le sens de la prière dominicale : Donne-nous aujourd'hui notre pain quotidien. Ce morceau de pain me l'explique.

Donne. Le Seigneur ne me doit rien; je dois l'implorer comme un mendiant, afin qu'il me nourrisse.

Nous. Je ne dois pas borner mon désir à moi-même, mais l'étendre à tous les pauvres d'ici-bas et demander pour eux ce que je réclame pour moi-même.

Aujourd'hui. Je dois limiter ma prière au besoin présent.

Notre. Il faut que le pain devienne nôtre par le travail de notre esprit ou de nos mains.

Pain. C'est la substance le plus généralement répandue, c'est aussi l'essentielle. Un homme qui a du pain possède le principe de la vie matérielle; n'eût-il que cela, il devrait s'estimer heureux.

Quotidien. Chaque jour doit voir se renouveler la prière, pour que la bénédiction demandée se reproduise.

Pendant trois mois nous avons mangé la galette du pays, épaisse comme une mince tartine, puis cette galette s'est encore réduite et nous en sommes venus à la pâte molle que j'ai décrite. J'ai été ému, je le confesse, quand j'ai senti le pain résister sous mes doigts, j'ai rendu grâces en le rompant, et si quelqu'un s'étonne d'une pareille effusion pour un fait aussi simple, je lui conseille de vivre un mois durant de notre vie, il reconnaîtra que je n'ai rien exagéré. Je comprends aujourd'hui la joie de l'affamé secouru par une main compatissante, et je supplie Dieu, s'il place sur ma route un pauvre manquant de pain, de me faire souvenir de Hatchin.

Nos Zeithumlus nous font leurs adieux. Nous les remercions chaudement de leur bonne volonté, nous les félicitons de leur courage et nous terminons notre petit *speech* par le bagchich traditionnel qu'ils reçoivent en s'inclinant; ils viennent nous baiser la main l'un après l'autre. Comme nos zabtiés les contemplaient silencieusement, nous tenons à leur faire constater deux choses: que jamais nous ne nous sommes servis à leur endroit d'un seul mot qui pût les blesser, et que, s'il a fallu quelquefois dénouer nos fouets et user de menace, c'était plus dans leur intérêt que dans le nôtre; car chez les Circassiens, comme chez les chrétiens arméniens, nous étions moins exposés qu'eux. Chez les premiers, nos Zeithumlus risquaient leur tête, chez les seconds, les zabtiés étaient mal famés. Il fallait à tout prix les préserver de tout mal et les uns et les autres, et nous préférions leur infliger une correction passagère plutôt que de voir couler le sang.

Les montagnards ont répondu par l'organe du plus âgé que nous étions sans reproche et que les zabtiés le reconnaissaient avec eux. Ils nous ont remerciés du soin que nous avions pris d'eux tous et nous ont recommandé un pauvre garçon de leur pays qui fait le voyage de Tarse pour trouver du travail.

Nous leur avons promis de veiller sur lui; cela dit, nos montagnards ont jeté leur fusil sur l'épaule, retroussé leur robe, baisé la main du patriarche, serré la nôtre en s'inclinant, braqué sur les Turcs un coup d'œil dédaigneux, et se sont élancés lestement vers la porte. Nous les avons suivis du haut de la terrasse, tandis qu'ils gravissaient les hauteurs de Hatchin, puis nous les avons vus disparaître derrière une éminence.

Nous ne pouvons nous défendre d'un sentiment plein de reconnaissante admiration pour ces intrépides enfants du Taurus, toujours en train, toujours obligeants, et nous sommes tout heureux de retrouver à nos côtés l'un des leurs et de pouvoir l'obliger dans la mesure de nos forces.

Hatchin est situé sur le versant du Karmes-Dagh. A ses pieds coule à gros bouillons le *Seihoum-Tchaï* qu'un pont sans parapet relie au couvent. Les maisons s'étalent en amphithéâtre dans le même ordre que celles de Zeithun; les toits sont remplacés par des terrasses. Les rues sont obstruées par des quartiers de roche, entrecoupés par de larges crevasses que les immondices entassées ne suffisent pas à combler. Les vastes hangars qui servent d'églises sont misérables. De grosses poutres soutiennent la toiture; quand la charpente menace ruine, on l'étaye: si le plafond se déprime d'un côté, au lieu de le démolir pour le reconstruire, on accumule des points d'appui. La piété dans le Taurus n'aime point ses aises. Le sol n'est recouvert que de quelques tapis usés jusqu'à la corde et de nattes tressées grossièrement par des hommes ou des femmes plus zélés qu'habiles. Quelques tableaux figurant des saints impossibles grimacent çà et là sur les murailles humides; un fauteuil en bois sculpté pour l'évêque, quelques tabourets pour les religieux, un maître-autel sans ornement et quelques verroteries grossières composent tout l'ameublement des églises. Chacune d'elles est sous le patronage de la Vierge et de quelque saint privilégié.

A côté de chaque église se trouve une espèce de sacristie ouverte à tous les vents. Quelques prêtres y stationnent continuellement. Devant eux est un plateau dans lequel chacun peut déposer son offrande. Un secrétaire inscrit sur un registre la somme versée. Quand je suis arrivé, le plateau ne contenait pas un para; j'ai laissé tomber ma pite, et l'un des prêtres a levé les mains au-dessus de ma tête en disant: « *Que cet argent soit béni ainsi que celui qui l'a donné. Au nom du Père, du Fils et du Saint-Esprit. Amen.* » La même formule est employée pour tous les donateurs. A côté de l'église sont les écoles. Celle des garçons est dirigée par un jeune Arménien qui répond au nom de Nazareth; il parle un peu le français, le lit couramment, possède à fond le turc et l'arménien, s'entretient en arabe avec Joseph et s'exprime en grec avec une extrême facilité. Je suis présenté par lui aux notables du lieu, qui me pressent de questions sur nos habitudes, nos mœurs, notre langue et notre religion. Les Zeithumlus leur ont raconté nos faits et gestes et surtout l'histoire des 2,000 fr. apportés à Zeithun par Apardian. Plus de deux cents personnes m'entourent. Je me sers de Nazareth pour essayer d'une petite prédication sur l'amour de Jésus pour l'âme humaine; tous les yeux sont fixés sur moi, et la parabole de l'enfant prodigue me paraît les émouvoir au plus haut degré. Quand j'ai fini de parler, j'entends plusieurs cris de mes auditeurs que Nazareth me traduit mot à mot : « Nous aimons les Français, nous prions pour eux ; reste avec nous. » Je regrette qu'une indisposition retienne George au couvent; il jouirait certainement de l'effusion de ces braves cœurs. Je réponds que nous avons nos mères qui nous attendent et que nous espérons les revoir bientôt. Mes auditeurs s'écrient : «*Inch Allah!* Dieu le veuille[1] ! »

Nous sommes bientôt poussés dans l'école par la foule qui nous entoure. Une vingtaine de jeunes garçons lisent ou écrivent. Ils se lèvent tous à notre entrée, et l'un d'eux, sur un signe du maître, nous apporte des cigarettes et du feu. Je leur adresse quelques paroles, traduites par Nazareth, qui me montre, tout en parlant, comme curiosité un livre français. C'est une brochure in-32, du prix de 25 c., cartonnée, écrite par **M. Th. Soulice**, approuvée par l'Université, éditée par L. Hachette, et qui trouve le moyen dans 74 pages de parler de :

Dieu, la religion, la morale, les cinq sens, des noms de nombre, des chiffres, chiffres arabes comparés aux chiffres romains, du calcul, table de multiplication, du temps, de ses parties, des années, des saisons, des mois, des jours.

Description générale de l'univers, astronomie. Corps célestes: du soleil, des étoiles, des planètes, des comètes, de la lune. Principaux phénomènes atmosphériques: les nuages, la pluie, la rosée, la neige, le vent, les éclairs, le tonnerre.

Les points cardinaux: l'eau, les principales parties

1. Littéralement: Que cela plaise à Dieu!

de la terre caractérisées par leurs productions et leurs habitants.

Des trois règnes de la nature. Des ressources que trouve l'homme dans les trois règnes pour tous les besoins de la vie: arts et métiers, métaux, monnaies, poids et mesures.

Et voilà comment pour la modique somme de vingt-cinq centimes, la littérature française a pris place sur les hauteurs du Karmes-Dagh et s'est introduite dans le pupitre de M. Nazareth. Les Turcs jouissent ici de la plus grande tolérance au milieu de chrétiens en majorité. Les Arméniens n'usent guère de rigueur dans les affaires religieuses qu'envers leurs propres coreligionnaires; nous avons déjà vu comment ils brûlèrent en 1845 un prêtre renégat. Je puis ajouter un autre trait qui peint exactement le caractère des montagnards du Taurus.

Un Zeithumlu, contrairement aux canons grégoriens, épouse une de ses parentes, sa cousine germaine, je crois. Le prêtre de son village l'excommunie. Furieux, il se rend un dimanche à la messe et couche en joue son curé, qui montait à l'autel en lui criant : «Lève mon excommunication ou tu es mort.» Le prêtre obéit à cette injonction, et le marié fut proclamé par ses concitoyens bon chrétien, et brave guerrier.

L'Église romaine a fait des efforts sans résultat pour attirer dans son giron les Arméniens schismatiques, elle a solennellement promis de continuer leurs pouvoirs aux patriarches actuels et de ne rien changer à la liturgie grecque; ses promesses n'ont point été écoutées.

Les chrétiens schismatiques de Zeithun, de Hatchin, de Sis, sans compter ceux du Sandjak, de Marasch, vous disent invariablement : « Nous avons conservé l'indépendance nationale et religieuse à travers plusieurs siècles de persécutions, ce n'était pas pour la laisser fondre et remplacer par une autorité latine, c'est-à-dire étrangère. Nous savons bien qu'on nous garderait à notre poste, mais après notre mort nous serions invariablement remplacés par des prêtres de Rome. Nous n'en voulons à aucun prix. » Les latins opèrent bien par-ci par-là quelques conversions, mais de leur propre aveu ces succès ne signifient rien. Les Arméniens commentent sans s'en douter, à l'endroit de leurs adversaires, les fameux vers de Lafontaine :

Laissez les prendre un pied chez vous,
Ils en auront bientôt pris quatre.

CHAPITRE XXXVI.

Départ de Hatchin. — La tribu de Kosan. — Juseph-Agah. — Les indépendants du Taurus. — Les vieilles forteresses. — Phékais. — Émigration des Kurdes. — Description d'une caravane. — La plaine de Sis. — Le patriarche et le couvent arménien. — Les reliques du monastère.

Samedi, 2 juillet.

Au moment où nous allions quitter le couvent et ses religieux, l'un d'eux s'approche de mon cheval un fusil à la main. La crosse est richement sculptée. « Garde-le, me dit le père, en souvenir de ton passage. » Je refuse pour ne pas le priver du seul bien qu'il possède, et quelques minutes après le monastère nous était caché par un pli du terrain. Nazareth, l'instituteur, nous mène chez Juseph-Agah. Nous longeons le *Seihoum-Tchaï*, sur les coteaux mûrissent les raisins, et quelques oliviers étalent leurs rameaux au-dessus des ceps de vigne. Nous frappons à la porte du chef des Indépendants. Il dort, et son frère nous fait les honneurs du chez-lui. C'est un homme d'une cinquantaine d'années. Sa figure respire le calme et la force; son grand front, sa barbe grise, ses yeux noirs, ses gestes gracieux impriment à toute sa personne un grand cachet de distinction ; sa bouche dédaigneuse et souriante à la fois lui donne un air de prince très-satisfait de lui-même.

Bientôt Juseph-Agah nous arrive en personne. Il est gros, parle très-peu, fume beaucoup et s'entretient avec nous comme un roi avec ses sujets.

« *Y a-t-il longtemps que vous avez quitté la France? — Quatre mois passés. — Quels pays avez-vous parcourus? — L'Égypte, la Terre-Sainte, la Syrie et le Taurus. — Où comptez-vous aller? — Au patriarchat de Sis, à Adana, Tarse et Mersine. — N'avez-vous pas rencontré d'obstacles sur votre chemin? — Excellence, nous n'avons eu jusqu'ici que de légers désagréments avec notre escorte.* » L'agah jette un coup d'œil méprisant sur nos zabtiés qui ne le supportent qu'avec peine. Le cheik nous invite à boire du café, nous propose une collation que nous refusons, puis il n'ajoute plus un mot et se contente de tirer de longues bouffées de son chibouc. Son mutisme nous permet de l'observer attentivement. Nous prenons le parti de le faire parler à notre tour.

« *Nous avons entendu parler de Votre Excellence, et nous sommes heureux de l'occasion qui nous est offerte de vous voir.* » L'agah s'incline sans nous répondre. « *Le patriarche de Hatchin nous a dit que si les Turcs, Circassiens ou autres vous attaquaient, vous armeriez dix mille hommes en un clin d'œil. — Le patriarche a dit la vérité: la terre m'appartient jusqu'à Adana; je l'ai prouvé plus d'une fois les armes à la main. — Comment les réunissez-vous en temps de guerre? — Mes bons amis les Arméniens se préviennent les uns les autres, mes Turcs sont avertis par mes espions, et nous nous donnons rendez-vous sur le plateau le plus menacé. — Vous n'avez jamais subi de défaite?»* L'agah fume rapidement; ce sujet le passionne. Il soupire en lâchant un torrent de fumée, et nous répond: «*Jamais.*» Puis il retombe dans son mutisme.

Je reconnais bien à ce coup d'œil perçant sous ces épais sourcils, à cette lèvre plissée, l'homme qui dit, en parlant du sultan: «Il est assez bien né, mais il y a mieux que ça.»

Nous faisons mine de partir; l'agah nous arrête et fait un signe à son entourage qui s'éloigne. Nous restons seuls avec lui et nos interprètes.

«Je vous garde quelques jours chez moi; vous vous reposerez et vous partirez ensuite. — Nous remercions Votre Altesse, mais le bateau de France n'attend pas et dans huit jours il quittera Mersine. — Puisque vous tenez absolument à me quitter, je vais vous faire amener deux chevaux, vous les garderez en souvenir de moi. — Nous sommes vraiment touchés du bon vouloir de Votre Excellence, mais les difficultés de la route nous obligent à vous refuser encore.» L'agah nous suit jusqu'à la porte de sa maisonnette, et nous dit au moment où nous mettons le pied à l'étrier : « Mon cousin vous suivra jusque chez mon fils, qui vous donnera des hommes pour vous mener jusqu'à Adana. Que Dieu vous suive ! »

Nous sommes sur des cimes rocailleuses et glissantes, qui nous obligent à marcher en tenant nos montures en laisse. Le Seihoum roule en grondant au pied de la montagne ; tantôt il se précipite en cascades éblouissantes, tantôt il glisse comme en se jouant à travers les allées boisées. Je m'amuse à cueillir, sur ma route, des œillets, dont les couleurs délicates ne supportent pas qu'on les calfeutre entre les pages d'un livre. Elles s'effacent comme la poussière soyeuse des papillons au premier attouchement. Çà et là sur les escarpements des rochers, se dressent des citadelles abandonnées, qui jadis firent la force des rois d'Arménie dans le Taurus. Nous gravissons par un étroit sentier la haute montagne où nous devons passer la nuit. La cime est couronnée par une forteresse délabrée, juchée comme un nid d'aigle hors de la portée des hommes, mais non des atteintes du temps. Ses murailles épaisses ont des brèches formidables, et sa charpente n'existe plus. Ceux qui la construisirent, tenaient fort à leur indépendance. Vis-à-vis d'elle, le petit village de Phékais nous offre une retraite pour la nuit.

Nous arrivons dans une maison du village, et le fils de Juseph-Agah vient nous visiter. C'est un gros joufflu, sa mine béate est insignifiante, ses manières ne se ressentent pas de son origine. Il se contente de saluer gauchement et de regarder nos personnes et nos bagages. Son silence est ce qu'il possède de plus spirituel. Il est absolument imprenable dans son repaire. Les Turcomans révoltés du Taurus sont à la Turquie ce que les barons du moyen âge étaient à la France : indépendants du roi, souvent pillards, toujours batailleurs.

Nous dévorons à la hâte quelques provisions et nous faisons effort pour nous endormir.

Un de nos zabtiés nous entonne une complainte à deux heures du matin. J'entends des grognements poussés par ses compagnons, que sa voix stridente et fêlée dérange dans leur repos. Je le fais prier par Joseph de se taire, en lui faisant observer qu'il n'a pas le droit de troubler leur sommeil. Notre homme n'écoute rien et chante *crescendo*. Les murmures redoublent. Joseph fait une deuxième sommation, qui n'a pas plus de succès. Je me soulève alors, et saisissant mon fouet, je le dénoue lentement et sans rien dire. Le chanteur s'en aperçoit et s'arrête court. Il porte la main sur son cœur et me salue en s'inclinant à plusieurs reprises. Je le regarde fixement, il salue toujours et finit par s'étendre sur son burnous pour dormir. Je l'imite et nous pouvons jusqu'au matin nous reposer sur le sol couvert de nattes, roulés dans nos manteaux, que la fraîcheur des nuits nous rend de plus en plus précieux. Quatre heures après nous étions à cheval escortés de deux habitants du village, dont la mine féroce nous épouvanterait si nous ne les avions pas pour gardiens.

Dimanche, 3 juillet.

Sur notre route, plus jolie mais moins grandiose que celle que nous quittons, nous rencontrons presque à chaque pas des bandes d'émigrants à figures sinistres. Ce sont des Turcomans et des Kurdes, fuyant les chaleurs de la plaine et les fièvres des pays plats pour l'air plus vif et plus sain des montagnes. Ils surgissent par centaines à travers les bouquets de lauriers-roses. Les hommes sont armés jusqu'aux dents de fusils et de pistolets; les femmes sont montées sur des chevaux, des mulets, des ânes ou des chameaux; leur figure découverte, leur teint brûlé les font ressembler aux bohémiennes, dont le type devient de plus en plus rare dans nos contrées. L'une d'elles, juchée sur un mulet, tient un enfant dans ses bras; son cadet, à califourchon sur son épaule, grignote un tronçon de salade, et l'aîné, retenu par une large ceinture sur le derrière de l'animal, se cramponne des deux mains aux guenilles de sa mère.

Ces pauvres femmes me paraissent partager complétement l'insouciance et l'ignorance de l'animal qui les porte. Elles sont la propriété de l'homme qui les escorte; elles ne sont pas la chair de sa chair et les os de ses os; les douceurs infinies de la famille, les charmes de l'intérieur chrétien n'existent pas même dans leur idéal. La vie pour elles, c'est le beurre à battre, le blé à moudre, le pain à cuire et les enfants à nourrir. L'épreuve à traverser, c'est une attaque dans la nuit, c'est la fusillade, c'est le bétail enlevé, le mari mort, les enfants dispersés. Quant à elles, le vainqueur les emmène sans les maltraiter en définitive. La mort arrive enfin, c'est le terme de toute souffrance matérielle. Pas d'enfer, mais pas de paradis; l'anéantissement; *notre père l'abîme*, comme disent avec éloquence les musulmans instruits. Voilà le commencement et la fin de ces pauvres créatures que le matérialisme écrase. Au milieu des hommes et des femmes s'avancent des bœufs et des vaches bâtés, transportant les tapis et les ustensiles de chaque famille. Cette charge inaccoutumée donne un air singulièrement comique à ces animaux, mais après leur avoir accordé un sourire, je ne puis m'empêcher de me sentir entraîné vers des idées sérieuses par le spectacle que j'ai sous les yeux.

Ces hommes gagnant les hauteurs terrestres pour fuir la maladie du corps, nous invitent à élever aussi nos esprits pour atteindre les hauteurs célestes. Cette ascension-là ne se fera ni dans une heure, ni dans un jour; mais après les premiers pas, notre âme rafraîchie par le souffle divin sera plus forte, elle montera toujours plus haut, soutenue par la puissante main de Dieu jusqu'à ce qu'elle termine glorieusement au ciel son pèlerinage.

Le dernier Kurde a disparu, nous sommes dans la vaste plaine de Sis. Le monastère nous apparaît sur une éminence, et nous hâtons notre marche pour nous mettre à l'abri d'un soleil intolérable. Je suis sûr que le thermomètre monterait à 50 degrés centigrades à l'ombre, tout est brûlé, tout est brûlant et sec autour de nous. Adieu l'air pur et l'eau limpide, nous ne rencontrerons plus jusqu'à Tarse que marécages, ruisseaux fangeux et, pour charmer la monotonie d'un pays sans arbre, le chant rauque de la cigale faisant plier sous son poids le jonc d'un fossé ou le cri du francolin, s'enfuyant à notre approche à travers les broussailles clair-semées.

Nous parvenons au couvent sans autre aventure, et l'on nous sert presque aussitôt un déjeuner composé de tranches de jambon, de riz et d'œufs, sans compter un vin douceâtre qui ne nous dit rien.

Les maisons de Sis sont à terrasses étagées comme à Zeithun et à Hatchin. Le couvent domine la ville, c'est un ramassis de constructions sans ordre. Un château couronne le sommet de la montagne. Les Turcomans et les Arméniens se partagent la ville; les uns et les autres sont placés sous la domination de **Juseph-Agah**.

Le monastère est riche de reliques précieuses. On

y conserve la main droite de saint Grégoire l'Illuminateur, le premier apôtre de l'Arménie, mort en 340; la main droite de saint Nicolas (quatrième siècle) qu'il faut bien se garder de confondre avec le saint Nicolas (septième siècle), et surtout avec les papes de ce nom; la main droite de saint Silvestre (quatrième siècle), le premier pape auquel Constantin, l'empereur, accorda la puissance temporelle à titre d'étrenne; le bras de l'ermite Bassano. On prétend que le couvent possède aussi des évangiles manuscrits, mais on ne paraît point disposé à les laisser voir à tous les curieux et je n'éprouve nullement le besoin d'insister.

Le patriarche nous accueille avec une froide bonté; son secrétaire parle un mauvais français qu'il nous prodigue en temps et hors de temps. Nous trouvons une différence sensible entre les religieux de la plaine et ceux de la montagne. Le courage, la bienveillance, je puis dire aussi la délicatesse s'épanouissent à l'aise sur les divers plateaux ciliciens. Ces vertus semblent s'étioler dans la plaine: je ne vois plus autour de moi que des figures rachitiques et fatiguées; les ardeurs dévorantes du soleil, une vie nonchalante et toute de *far-niente* contemplatif ont tué l'idéal dans les âmes. Joseph répond à cela que les montagnards sont trop vifs, et qu'au moins on peut voyager sans crainte dans la ville de Sis et ses environs. Cette raison paraît superlative à notre drogman.

CHAPITRE XXXVII.

Départ de Sis. — Une nuit à cheval. — Les moustiques. — Un pauvre homme. — Une escorte sans compassion. — Les environs d'Adana. — La ville et ses habitants. — Adieux à nos zabtiés. — Quelques mots sur nos agents consulaires en Orient.

La chaleur est moins vive; déjà le vent du soir vient de nous apporter ses fraîches haleines. George donne le signal du départ; les moukres essayent bien quelques récriminations, mais ils ont soin de ne les formuler qu'à voix basse, et nous nous appliquons à ne pas les entendre. Comme nous descendions la pente du monastère, ils se contentent de nous dire d'un air dolent : « Les chevaux ne sont pas de fer. — Ni les hommes, » ajoute un zabtié piquant des deux comme pour éviter un coup de fouet. Nous le rappelons; il revient.

« Pourquoi nous quittes-tu sans ordre? — Je ne vous quitte pas. — Tu te plains de la fatigue, nous sommes-nous plus reposés que toi? — Je ne dis pas cela. — Les moukres et tes compagnons ont-ils fait un pas de plus que nous? — Nous ne disons pas le contraire. — Si vous n'avez pas de bonnes raisons à donner, pourquoi vous plaignez-vous? — Nous ne nous plaignons pas. » Et pour nous le prouver, notre cavalier nous entonne un air qui fait peur aux cigales; nous les voyons s'envoler à notre approche, et les moukres, électrisés par un si beau succès, se joignent aux zabtiés de toute la force de leurs poumons. Nous les laissons hurler en pleine liberté, courir, et s'arrêter à leur guise, heureux de n'avoir plus à user de rigueur pour les préserver et nous prémunir nous-mêmes contre les attaques du dehors.

La nuit noire est venue; nous nous arrêtons dans la vaste plaine pour laisser brouter nos chevaux. Nous étendons nos membres sur les pierres du chemin, et tout aussitôt nous sentons une légion de moustiques nous couvrir la figure; nous avons beau les écraser par milliers, les morts sont aussitôt remplacés par un tourbillon vivant qui nous envahit de minute en minute. Désespérant d'en venir à bout, nous nous éclipsons sous nos couffiés et nos manteaux comme la tortue dans sa carapace, et nous reprenons notre marche après deux heures de halte. L'obscurité complète nous empêche de rien voir et me fait songer aux aveugles. L'imagination doit se fatiguer dans la création constante de ce qu'on entend. Vivre toujours dans d'épaisses ténèbres, converser toujours dans la nuit, n'apercevoir dans le jour que ce scintillement indicible qui vous fait regretter davantage votre infirmité. Quelle épreuve! Mais quelle épreuve surtout pour l'homme qui ne voit au delà de la tombe que la continuation de l'obscurité! la nuit éternelle! comme disent les poëtes. Ah! par pitié, faites résonner à l'oreille et au cœur de l'aveugle le cri du prophète Malachie : « Sur vous qui craignez l'Éternel se lèvera le soleil de la justice, et la santé sera dans ses rayons[1]. » Qu'il retrouve, par les yeux de la foi, le soleil perdu sur la terre, et qu'il sente, en le croyant bien, qu'il en jouira toute l'éternité.

Le ciel vient de soulever à l'horizon un des coins du voile noir qui nous le dérobe, et des teintes rouges commencent à l'envahir. Bientôt les premiers rayons semblent surgir de terre et les francolins viennent de les saluer par leurs cris joyeux. Nous traversons un bois de jeunes pins dont la taille ne dépasse pas celle de nos chevaux, et nous nous arrêtons près d'une eau stagnante pleine de petites bêtes et de fange pour y rafraîchir nos gosiers brûlants.

Nous nous abritons, pour déjeuner, sous un épais buisson, et notre pauvre Zeithumlu s'accroupit dans un coin comme un paria. Nos drogmans le regardent de haut. Nos zabtiés le traitent comme un chien; ils lui jettent pour sa nourriture ce dont ils ne veulent pas. George et moi les blâmons; ils se contentent d'en rire, et Joseph ne comprend pas qu'un pauvre soit son égal. Nous défendons au montagnard de rendre aucun service sans notre permission à ceux

---

1. Malachie, IV, 2.

qui le malmènent. Joseph se contente de hausser les épaules. George lui ordonne de mettre dans une assiette la part du Zeithumlu et de la lui donner avant même que nous soyons servis. Joseph verse dans un plat de quoi nourrir un moineau, coupe une mince tartine de pain et fait mine de porter le tout à notre protégé ; George l'arrête :

« C'est tout ce que tu lui donnes pour son déjeuner ? — Oui, Monsieur. — Et tu trouves la ration suffisante ? — Je crois bien. — Joseph, tu la garderas pour toi-même et tu n'auras pas une bouchée de plus. » Joseph demeure tout penaud sans lâcher l'assiette. Nous plongeons alors une grande cuiller dans le plat et nous en retirons assez de macaroni pour rassasier l'estomac le plus intrépide. Nous l'offrons au pauvre garçon qui nous regarde avec des yeux humides. Notre jeune interprète arménien le contemple, puis il vient nous dire avec une vivacité pleine d'émotion : « Messieurs, le Zeithumlu dit qu'il ne peut pas tout manger, il pleure et il prie bien pour vous à présent et tant qu'il vit. » Je crois que la leçon a réussi, car Joseph a les yeux bien rouges. George le presse de manger et l'engage une autre fois à plus de compassion.

Lundi, 4 juillet.

Nous touchons aux portes d'Adana. Le Cydnus l'arrose, fertilise ses campagnes. Les jardins mêlés à la ville lui donnent une certaine physionomie champêtre. Un pont fortifié que l'on attribue à l'empereur Justinien sert de trait d'union entre la ville et la plaine.

La population s'élève à 40,000 habitants; les maisons sont en pierre. Quelques-unes sont fort belles. Les chrétiens y dominent; les Circassiens, les Albanais, les Européens, les Arméniens et les Turcs, qui se coudoient dans ses grandes rues, lui donnent un aspect des plus pittoresques. La division règne parmi les représentants du christianisme. Arméniens unis, Arméniens schismatiques, Grecs unis, Grecs schismatiques se déchireraient les uns les autres, s'ils le pouvaient, autrement qu'à coups de langue. L'œuvre évangélique progresse à Adana et s'étend de manière à inquiéter ses adversaires. J'entends dire ici comme ailleurs : « Les protestants profitent de l'immoralité pour faire des prosélytes. » A qui la faute? Les principaux reproches adressés aux chrétiens unis à Rome ou séparés d'elle, mais en dehors des missions évangéliques, sont les suivants: égoïsme et lâcheté; débauche et luxure. Je ne prétends accuser personne, mais signaler des vices généraux de l'aveu de tout homme un peu au courant des mœurs asiatiques.

Nous recevons l'hospitalité à l'agence consulaire d'Adana. Le maître du logis, Grec de naissance, nous accueille le sourire aux lèvres et nous dit en nous tendant la main : « Messieurs, vous êtes chez vous ! »

Nous quittons ici notre escorte. Nos zabtiés viennent après bagchich nous remercier et nous demander pardon du tracas qu'ils nous ont donné sur la route. Je ne puis m'en séparer sans donner par un dernier trait la mesure de leur courage. Comme nous approchions d'Adana, l'un d'eux, s'élançant effaré, vient brusquement poser la main sur l'épaule de George. « Monsieur ! Monsieur ! — Quoi ? Qu'y a-t-il ? — Arrête ! — Pourquoi ? — J'ai entendu un léger bruit dans les broussailles. » George le contraint d'avancer, ce qu'il fait en tremblant et en tournant souvent la tête derrière lui. Voilà les hommes chargés de notre défense !

J'ajoute qu'ils sont nécessaires et qu'on aurait tort de s'en passer. Quand on traverse un campement où l'autorité turque est reconnue, le zabtié vous trouve rapidement un gîte et sert d'épouvantail auprès de gens plus poltrons que lui, ce qui n'est pas rare à trouver.

L'agent français parle le grec, l'italien, l'arabe et le turc. C'est un homme ferme, expéditif en affaires, d'une bonhomie parfaite, d'une simplicité charmante ; il représente à la fois les intérêts de la France et ceux des messageries. Il est pauvre et ne se plaint pas.

Nous avons dans quelques villes de l'Orient des agents officieux, non salariés par l'État, plusieurs sont pères de famille et dans un dénuement absolu. Mon amour-propre de Français souffrait, je le confesse, de voir le chargé d'affaires de mon pays recevoir du pacha 200 piastres par an, moins 100 fr. pour payer son gawas. J'aurais désiré pour eux, non pas la richesse, mais l'absence de pauvreté.

Si quelques localités, comme Aïntab et Adana par exemple, n'exigent pas, à cause du petit nombre de nos compatriotes, un consulat ou même un vice-consulat, on pourrait choisir, parmi les citoyens du pays, le plus digne pour représenter la France, et si l'élu est pauvre, lui allouer quelques centaines de francs pour le mettre au-dessus du besoin. Dans ma conviction profonde tout le monde y gagnerait.

CHAPITRE XXXVIII.

D'Adana à Tarse. — Des gens embarrassés. — La ville et ses habitants. — Souvenirs bibliques. — Les curiosités du pays. — De Tarse à Mersine. — La ville et ses habitants. — Adieu à la vie nomade.

Mardi, 5 juillet.

Toujours la plaine et le soleil ardent, les grands pins ont disparu, les platanes n'agitent plus au souffle du zéphyr leurs feuilles aux cinq échancrures ; les ruisseaux ne font plus entendre leur roulement sonore sur les cailloux polis. Quelques puits çà et là... quelques pauvres villages, des plantations de coton, des blés mûrs, et... c'est tout. Nous sommes réduits, pour trouver un peu de fraîcheur, à revenir en esprit aux monts ciliciens. Je vois encore, comme si j'y étais, les saules du rivage. Leur tronc ruiné par l'âge et par l'eau s'est comme affaissé, mais un vert rejeton pousse en haut sa tige, et puise dans la vieille séve une juvénile croissance.

C'est l'image vivante et frappante du vieil homme rajeuni par l'esprit de Dieu. Le flot des passions l'a miné, les pensées impures l'ont flétri, mais le souffle purificateur a passé sur lui, son cœur s'est alors ranimé, son âme rafraîchie s'est élancée jusque vers le ciel; le fameux lumignon s'est rallumé pour ne plus s'éteindre, le roseau froissé s'est relevé vainqueur à jamais de la tempête.

Nous galopons, galopons sur la route poudreuse, le soleil baisse et disparaît sans ralentir l'ardeur de nos chevaux. D'épaisses ténèbres nous enveloppent, et bientôt nous ne distinguons rien ni de près ni de loin. Si quelque voyageur nous aperçoit, il rêvera bien sûr du roi des Aulnes :

Wer reitet so spät durch Nacht und Wind? [1]

Nous sommes seuls, George et moi. Nos moukres et Joseph n'arriveront que bien avant dans la nuit. Enfin nous longeons le Cydnus, les jardins de la ville, et nous nous arrêtons au bazar, incertains de la route à prendre. Le nom de l'agent français nous est inconnu, nous essayons de nous faire entendre au moyen d'un idiome à notre usage, moitié arabe, moitié turc. Le premier passant auquel nous nous adressons s'enfuit effrayé. Est-ce notre accoutrement, est-ce notre langage qui l'épouvante ? Peut-être tous les deux. Nous nous adressons à un autre citoyen plus aguerri, qui nous écoute gravement et nous dit : « Prenez à droite, puis tournez à gauche, puis prenez à droite et voilà... » Nous prenons si bien à droite et à gauche que nous nous égarons en plein, et nous nous trouvons dans un autre bazar. Nous avisons la bou-

---

1. Qui galope si tard à travers la nuit et le vent?

tique d'un cordonnier: « La maison du consul de France, s'il vous plaît et bagchich... » Notre homme, sans plus d'explication, sans fermer sa boutique, nous mène dans une maison où l'hospitalité se vend et nous donne un guide à cheval. Nous le remercions, et quand nous lui tendons la bonne main promise, il la refuse et s'éloigne, en disant: « Bonne route. » Cela prouve une fois de plus que:

Il ne faut pas juger les gens sur l'apparence.

Enfin, nous sommes au bout de nos peines. La grande porte du vice-consul vient de s'ouvrir, et nous mettons pied à terre. C'était plaisir de nous entendre mêler le turc, l'arabe, l'italien et le français pour nous faire comprendre. L'agent français est un chrétien arabe qui ne sait pas un mot de la langue de ses administrés.

Je parle mal l'italien, il le parle encore plus mal, bref, nous nous comprenons à merveille. Nous dînons à table, servis à l'européenne, par des domestiques bien dressés. Notre hôte se sert de sa fourchette et de son couteau en homme qui en a l'habitude. Je lui demande si Tarse renferme des protestants hérétiques, il me répond *oui* en soupirant; je crois comprendre à son air que s'ils étaient capucins ou jésuites, ils ne laisseraient rien à désirer.

La ville de Tarse est gracieuse, elle compte 12,000 habitants en hiver. Pendant l'été, la moitié des familles au moins gagne les montagnes pour fuir les chaleurs et les fièvres. Nous avons rencontré sur la route des centaines d'hommes, de femmes et d'enfants, accomplissant leur pèlerinage habituel.

Ces émigrations périodiques se perdent dans la nuit des temps; elles expliquent le métier de saint Paul. C'est ici que le grand apôtre naquit; c'est dans cette ville qu'il fabriquait des tentes; il assista jadis à la splendeur de son pays comme nous assistons à sa décadence. Il promena ses pas sous les mûriers touffus, en attendant le jour où l'esprit le renversa sur le chemin de Damas. Son souvenir ne vit que dans le cœur de ceux qui le connaissent par l'Évangile. Peut-être si j'avais bien cherché dans les églises chrétiennes, m'aurait-on montré quelques reliques venant de lui; j'ai mieux aimé relire quelques-unes de ses pages inspirées, là j'ai pu le retrouver tel qu'il était autrefois, et sa parole m'a fait du bien.

Tarse renferme des monuments remarquables; les uns remontent à l'antiquité la plus reculée, les autres datent du moyen âge. Si j'en crois la tradition, Tarse aurait été fondée par Sardanapale, ce qui lui donnerait 2,600 ans d'existence. La plus ancienne ruine serait, au dire de M. Langlois, le tombeau même de son fondateur qu'il croit voir dans le Deunnuck-Tach (pierre tournante). C'est un parallélogramme long de 87 mètres, large de 42 mètres, haut de 8 mètres. La vue en est masquée par un jardin d'arbres fruitiers. Il est construit à l'aide d'un mélange de chaux, de sable, de petits cailloux liés par un ciment. Dans l'intérieur du parallélogramme sont deux immenses blocs de forme cubique. Les fouilles qu'on a pu faire n'ont eu pour résultat que la découverte de quelques poteries et d'un doigt en marbre blanc. Ce dernier débris, le plus considérable de tous, paraît avoir appartenu à une colossale statue placée jadis dans l'édifice.

Les ruines d'un château fort, attribué au sultan Bajazet, celles d'un théâtre et un monument circulaire, dont la destination reste inconnue, complètent le catalogue des antiquités de Tarse.

Mercredi, 6 juillet.

Nous sommes à Mersine, après avoir, durant quatre heures, galopé dans une plaine couverte de plants de coton. La ville est petite, mais les bateaux italiens et français, en prenant son port pour escale, lui donnent tous les jours une plus grande importance. La mer, unie comme un miroir, nous promet une traversée clémente. Le drapeau tricolore flotte au vent et nous le saluons avec joie. C'est une singulière chose qu'un drapeau : trois lambeaux d'étoffes cousus ensemble, du bleu, du rouge et du blanc côte à côte, et cependant cela passionne, cela émeut; des milliers d'hommes se feront massacrer pour lui, et quand les survivants rapporteront au pays ses restes mutilés, ses couleurs ternies, sa hampe rapiécée, son aigle déformée, jeunes et vieux se découvriront avec respect, et ils auront raison. Cette impression s'accroît, si possible, à l'étranger. Quand la bannière nationale s'étale au sommet d'un mât, au-dessus d'une maison, on est sûr de trouver un consul bienveillant, la langue du pays et cette sympathie fraternelle qui naît de l'amour commun d'une même patrie. Nous nous installons dans l'unique auberge du lieu, moitié estaminet, moitié boutique. Nous dormons sur des canapés. Quand je dis dormir, j'exagère; nous sommes assaillis, à peine couchés, par des légions de moustiques, de puces, de punaises et d'autres insectes que je n'ose pas nommer. Nous sommes réduits à nous rouler sur le carreau, après avoir vainement enfumé la chambre, et nous avons bien soin de recouvrir nos bêtes pour les empêcher de venir nous rejoindre.

Mersine, en turc, veut dire *Myrthes;* elle est peuplée de Fellahs dépendants de la tribu de Thor-Oglou. Comme Tarse et Adana, elle est située dans l'ancienne Lycie. Les Européens y sont établis en grand nombre, et tout le littoral leur devra, je crois, un grand accroissement de population. Toutes les sectes y ont des représentants. Les magasins à l'européenne sont établis sur le quai. La douane et un palais, construit à l'aide de matériaux provenant des ruines de Pompéiopolis, sont les seuls édifices de la ville, qui n'offre, du reste, aucun intérêt.

La voilà donc terminée cette vie d'aventures, qui nous a fait passer par tant d'émotions diverses. Nous revenons de grand cœur aux lieux parcourus. Le souvenir en est très-vivant et très-cher à nos cœurs. Nous éprouvons un mélange de regret et de joie. Joies du retour, tristesse de la séparation. Nous quittons tant de personnes aimées sous des costumes bien différents : depuis les représentants de la France jusqu'au pauvre Zeithumlu qui ne se lassait pas de nous baiser la main. Joseph, lui-même, accroupi devant nous à l'heure où j'écris, me paraît tout triste. « Joseph, qu'as-tu ? — Monsieur, rien, seulement le bon temps est passé. — Tu regrettes donc les léopards et la plaine de Bazardjick ? » Joseph ne répond pas; ses yeux sont pleins de larmes. « Eh bien ! mon pauvre Joseph, nous nous retrouverons là-haut, si nous sommes fidèles. — Oui, Monsieur. » Notre drogman se lève et se retourne quand il est sur la porte pour nous dire, en soupirant : « *Oui, Messieurs.* » Nous avons beau sortir de la ville et consulter l'horizon, tout a disparu, montagnes et défilés, gorges profondes, eaux courantes. Non, non, tout n'a pas disparu. La bonté de Dieu nous reste, nous la sentons dans la brise qui nous rafraîchit, nous la voyons par les yeux de la foi toujours la même au delà de ces étoiles qui commencent à prendre rang dans le firmament bleu. Le souffle de la prière de nos bienaimés la maintenait en nos sentiers, la forçait à s'arrêter et à marcher avec nous. Elle nous poursuivra dans les églises d'Asie, que nous désirons visiter, et bien après qu'elle nous aura ramenés sous nos Ombrages, nous la retrouverons toujours fidèle, toujours persévérante à nos côtés et dans nos cœurs. Puissions-nous ne pas être ingrats !

CHAPITRE XXXIX.

A bord de l'*Amérique*. — Les passagers. — Les côtes de la Caramanie. — Une halte à l'île de Rhodes. — La rue des Chevaliers. — L'église de Saint-Jean de Jérusalem. — Arrivée à Smyrne. — La ville et ses habitants.

Samedi, 9 juillet.

Nous prenons place à bord de l'*Amérique*, où nous nous trouvons en pays de connaissance : Mme Hecquart, que son affection maternelle pousse à Constantinople, le comte de Perthuis, notre gracieuse connaissance de Beyrouth, qui va se rafraîchir en France, comme il le dit avec un air de satisfaction qui ne laisse rien à souhaiter.

Les autres passagers sont du commerce le plus aimable; le nouveau commandant de l'*Impétueuse* et le directeur d'un couvent latin discutaient tauromachie quand nous sommes arrivés. Le marin la combattait et pourtant il se connaît en bravoure, et le prêtre, Espagnol de naissance, soutenait qu'elle n'est pas immorale; il allait jusqu'à l'assimiler à la peinture et surtout à l'architecture. «Voyez les maçons, s'écriait le Père avec feu, regardez-les perchés sur leur échafaudage : ils courent des dangers, mais personne ne s'aviserait de les faire descendre, parce que la maison ne s'achèverait pas, etc. » Le commandant s'impatiente et soutient *mordicus* que le danger des maçons a son excuse dans les services qu'ils rendent, tandis que les picadors sont aussi fous qu'inutiles. Le religieux déclare que rien au monde ne le fera changer d'avis.

Le commissaire du bord, M. de F..., est le plus aimable des hommes; son humeur égale ne se dément jamais. Il a couru l'Italie, la Grèce, la Russie, l'Angleterre, l'Écosse, l'Irlande, l'Allemagne, la Palestine, l'Égypte et la Perse; il parle plusieurs langues assez bien. Son caractère, très-gai, très-souple, paraît léger, mais il se plie à la conversation sérieuse et s'y complaît. Le mérite des œuvres, la rédemption parfaite en Jésus-Christ, l'inspiration des Écritures, la justification par la foi sont autant de problèmes que nous passons en revue et qui nous passionnent l'un et l'autre, quoique dans un sens opposé. Mais si nous étions toujours d'accord, nous trouverions moins de charme à discuter et nous nous endormirions avant minuit, ce qui n'arrive presque jamais. M. de F... connaît tout le monde et tout le monde le connaît au moins de réputation; pour ma part, je l'aime beaucoup.

Le pont du bateau, tout peuplé d'Arabes, de Turcs, de Circassiens, de Grecs, présente l'aspect le plus pittoresque. Nous côtoyons la Caramanie; le pays est accidenté, mais ses rives sont généralement sans verdure, la contrée paraît déserte; nous ne pouvons éprouver si près de la terre ce sentiment qui vous saisit quand uniquement le ciel et la terre vous apparaissent; pour si loin qu'on porte les yeux, de nombreux navires de toutes grandeurs voguent autour de nous, toutes voiles dehors, et ne nous laissent jamais isolés.

Lundi, 11 juillet, 4 heures du matin.

Nous venons de jeter l'ancre devant Rhodes, et pour ne pas perdre de temps, nous nous empressons de débarquer avec les dépêches. Les marins nous montrent sous les eaux deux énormes rochers et nous affirment qu'ils servaient de base au fameux colosse. Les navires qui passaient à pleines voiles entre ses jambes n'ont existé que dans l'imagination fertile des conteurs du Bas-Empire et des dessinateurs crédules reproduisant leurs récits. Ce qu'il y a de vrai dans cette légende, c'est que la statue d'airain, due au ciseau de Charès de Linde, élève de Lysippe, coûta douze années de travail assidu et 1,500,000 fr. Un tremblement de terre la renversa cinquante-six ans après; elle demeura neuf cents ans sur le sol jusqu'au jour où le kalife Mohawiah Ier la vendit toute mutilée à un juif d'Émèse; il ne fallut pas moins de neuf cents chameaux pour la transporter.

La ville, au premier coup d'œil, présente un aspect guerrier; elle se déroule en amphithéâtre, et la tour Saint-Michel avec ses créneaux, malgré ses nombreuses lézardes dues au tremblement de terre de 1856, contribue puissamment à la faire admirer.

Nous avons parcouru la rue des Chevaliers munie d'un double trottoir; les maisons qui la composent supportent presque toutes des écussons dont quelques-uns sont admirablement conservés. L'église de Saint-Jean de Jérusalem est démolie: le 6 novembre 1856 un tremblement de terre l'ébranla, et pour comble de malheur, la foudre mit le feu à des poudres cachées dans les caveaux de l'église. On prétend que dix-huit cents barils ont pris feu. Je ne m'explique pas très-bien ce chiffre appliqué à une matière dont on ignorait l'existence. Six cents personnes ont péri dans ce désastre. Le palais du grand-maître a disparu. Tout est ruine et dévastation. Nous avons admiré dans la cour d'une mosquée des chapiteaux en marbre ornés de bas-reliefs remarquables. Le reste de l'édifice est sans caractère et ne vaut pas même l'honneur d'une mention.

Mardi, 12 juillet.

Nous sommes arrivés dans le beau golfe qui baigne le pied de Smyrne. Sans l'éclat de son ciel lumineux, on croirait aborder une cité d'Europe. Un bois de cyprès domine la ville, qui ne renferme pas moins de 150,000 habitants. Elle se glorifiait autrefois d'avoir donné naissance à Homère; mais aujourd'hui son aspect n'a rien d'oriental, et les 40,000 Grecs qu'elle abrite sont loin de rappeler le chantre d'*Achille* et d'*Ulysse*. Elle compte 7 ou 8,000 Européens vivant sous la protection de leurs consuls respectifs. Les maisons sont gracieuses, surtout celles qui donnent sur le golfe, elles sont blanches, et par le vestibule menant à l'extérieur, elles laissent voir une cour pavée de petits cailloux imitant la mosaïque; une gracieuse fontaine au centre verse une eau limpide dont la vapeur vous rafraîchit. Derrière la cour se trouve ordinairement un frais jardin où les citronniers et les orangers fleurissent et mûrissent toute l'année. Le pont des Caravanes, formé d'une seule arcade et construit d'énormes blocs de pierres, présente une grande animation. D'énormes chameaux, des hommes portant tous les costumes et parlant toutes les langues mêlent leurs cris et font un vacarme épouvantable; un aveugle y trouverait de l'intérêt, car ces voix si variées d'intonation, depuis le ténor le plus grêle jusqu'à la basse profonde, depuis le timbre guttural de l'Arabe jusqu'à l'accent plus ferme de l'Européen, forment le concert le plus étrange qui puisse sortir de poitrines humaines.

Je viens de gravir le Pagus; c'est au sommet du mont que la tradition place la première église chrétienne de Smyrne et le martyre de Polycarpe. On y arrive par un sentier pierreux, c'est une colline volcanique; le stade, les ruines d'un théâtre, les restes d'un vieil édifice qu'on croit être l'église de Saint-Polycarpe, sont les seules reliques de la montagne. Tout près de ce dernier débris, je remarque un cimetière turc. « Monsieur, me dit mon cicérone, vois-tu ce cyprès? — Oui. — C'est là que le saint a souffert le martyre. — Est-ce bien sûr? — Oui, très-sûr. — Quelles preuves en as-tu? — Tout le monde le dit. »

Ce qu'il y a de certain, c'est que le courageux vieillard n'a point renié son Maître, et qu'il a souffert la mort et renoncé à ce climat si doux, à la vie si pleine d'attraits qu'il pouvait passer à contempler le golfe, à respirer la brise fortifiante, à jouir du ciel pur et de son air tiède et parfumé. Il a préféré les « rassasiements de joie promis » de l'Écriture à la paix trompeuse des renégats.

Polycarpe n'est pas mort, il réalise en ce moment la parole du roi David:

« Je ne mourrai pas, je vivrai et je raconterai les œuvres de Dieu[1]. »

1. Psaume CXVIII, 17.

CHAPITRE XL.

L'œuvre évangélique de Smyrne. — Les diaconesses. — Les missionnaires. — Le colporteur biblique au café. — Le traité de Thyatire.

Jeudi, 14 juillet.

A dix heures du matin, le consul de Hollande vient me prendre à l'hôtel pour me conduire chez les diaconesses. Il m'apprend en route qu'en 1853 plusieurs négociants allemands, anglais, américains, hollandais et suisses, priaient et suppliaient leurs frères d'Europe de leur venir en aide. Leurs enfants, pour ne pas demeurer sans instruction, devaient la recevoir de bouches qui ne confessaient pas notre foi, sans compter que ces instituteurs et institutrices n'étaient pas d'une délicatesse exemplaire à l'endroit du prosélytisme.

Deux sœurs furent envoyées de Kaiserswerth, elles ouvrirent une école qui ne reçut d'abord que 14 élèves. Dans l'espace de six ans, le nombre de leurs enfants monta jusqu'au chiffre de 129, réparties comme suit: 16 Allemandes, 27 Anglaises, 6 Arméniennes, 62 Grecques, 3 Italiennes, 6 Hollandaises, 3 Suédoises, 6 Suisses. Aujourd'hui, 14 juillet 1864, les écoles réunies comptent près de 400 élèves.

Les sœurs ont sur ce nombre 60 pensionnaires et 40 demi-pensionnaires.

Les diaconesses viennent de réunir leurs amis et leurs enfants pour leur dire *adieu* et *au revoir* avant les vacances.

De vieux soldats de Jésus-Christ, Anglais, Américains, Allemands mêlés et confondus en Alliance évangélique, sont venus prier pour ces jeunes âmes; je me suis senti honoré quand leur main a pressé la mienne et quand j'ai pu faire entendre dans ma langue les grandes choses de Dieu.

Les jeunes filles ont chanté des cantiques en grec, en anglais, en allemand et en français. Puis on s'est séparé et j'ai pu, sous la conduite d'une sœur, visiter la maison.

Tout est lustré, poli, brossé, lavé, presque élégant. J'ai remarqué une profusion de pianos. « On chante beaucoup ici, m'a dit la diaconesse qui me faisait les honneurs de la maison. — J'en suis bien aise, cela prouve qu'on vit, les morts ne chantent pas. »

Les diaconesses jouissent de la considération générale. Leur maison est en grand renom dans toute la contrée. Arméniens, Européens et Grecs, sont unanimes pour leur abandonner sans réserve la direction de leurs enfants. C'est la meilleure preuve du bon usage qu'elles en ont su faire depuis dix ans. L'une d'elles, excellente pharmacienne, donne gratuitement ses remèdes. Tout pauvre, noir ou blanc, jaune ou cuivré, trouve auprès d'elles un accueil toujours sympathique, et quelques-unes de ces tendres paroles qui réconfortent l'âme quand les besoins du corps ont été satisfaits.

Les sœurs ont deux chambres distinctes de leur chapelle qui méritent d'être connues. L'une d'elles est à leur usage particulier. C'est là qu'elles vont recommander à Dieu leur âme et celles des enfants qui leur sont confiés. L'esprit de l'homme a ses heures de défaillance, il faut qu'il se retrempe dans la communion de son Père céleste. Pour si petite que soit la dépense de nos forces physiques, elles ont besoin d'être renouvelées. Les élèves ont aussi leur asile. La seconde salle leur est destinée; les sœurs s'abstiennent d'y entrer. Les enfants peuvent y aller librement dans leurs moments de faiblesse et de tentation pour s'adresser à Dieu bouche à bouche et recevoir de lui-même l'absolution de leurs péchés.

J'aime ces mesures de piété, j'éprouve le besoin de me découvrir devant ces retraites bénies où le Saint-Esprit rend ses oracles au cœur qui l'implore ardemment. J'aime ce parfait respect de l'âme humaine qui fait incliner la maîtresse devant l'élève, quand cette dernière parle à Dieu. C'est être grande que de s'humilier ainsi. C'est bien comprendre l'Évangile.

L'œuvre missionnaire est divisée par cantons. Cette répartition permet d'embrasser le pays tout entier.

Les missions de l'Est vont de Marasch à Dierbekir et Sivas (nord de l'Asie).

Celles de l'Ouest partent de Constantinople pour aboutir à Tokat (nord de Sivas).

La Palestine et la Syrie forment le troisième arrondissement.

Les chrétiens grecs, arméniens, maronites, évangéliques, les juifs sont forcés de choisir dans leurs sectes respectives un indigène qui leur sert de représentant auprès des autorités du pays; toutes leurs affaires spirituelles et temporelles doivent passer par ses mains.

Les missionnaires évangéliques se réunissent au point le plus central de leur arrondissement pour se communiquer leurs besoins, leurs craintes, leurs espérances, pour mêler leurs prières et juger de l'opportunité de tel ou tel voyage projeté. Leur traitement n'est point fixe; on le proportionne aux exigences de leur position. M. Van Lennep évangélise les Arméniens, M. Ladd les Grecs. Ces deux frères sont au service de l'Église américaine. L'Écosse est représentée par M. Coull, s'adressant principalement aux Juifs, et par M. Walter, prêchant aux Turcs.

Avant l'arrivée des missionnaires, Smyrne était étouffée par le matérialisme le plus dissolu. L'instruction n'existait pas même en espérance. Bientôt des voix nombreuses crient dans toutes les langues: « Réveille-toi, toi qui dors, et te relève d'entre les morts, et Christ t'éclairera. » Le Turc, l'Arménien, le Grec, l'Arabe se soulèvent péniblement, en entendant parler leur propre langue. Ils écoutent ces hommes nouveaux qui proclament la justification par la foi, le salut gratuit, le pardon de Dieu. Le nom de Jésus commence à se murmurer au milieu de groupes recrutés çà et là par les messagers de Christ; quelques âmes, glanées pour ainsi dire à travers l'ivraie, se relèvent et les suivent, quelques conversions s'opèrent. L'esprit du mal dresse alors la tête sous la forme du Turc intolérant. Les prêtres latins surviennent, et cherchent par la création d'écoles à contre-balancer l'influence évangélique. A la bonne heure, mieux vaut cette guerre que le mortel engourdissement qui la précédait. Pour être juste, reconnaissons que c'est à la Réforme qu'on doit ce premier mouvement des esprits vers les choses de Dieu.

Le colportage de la Bible n'est point fait en Orient par des agents à gages. Lorsqu'un prosélyte montre une foi solide, une piété ferme, lorsque sa conduite ne donne lieu à aucun reproche du dedans ou du dehors, l'Église l'honore en lui permettant la vente du saint Livre. Le colporteur est un artisan qui vit du travail de ses mains. Généralement il est ferblantier, savetier, horloger, marchand de ces mille brimborions dont les ménagères font grand cas : fil, aiguilles, boutons, dés à coudre, batteries de cuisine à l'usage du pays, étoffes diverses, etc.

On accuse les réformés d'acheter des âmes. Ce reproche est toujours injuste, mais en Orient plus que partout ailleurs. Qu'un Turc se convertisse, on le persécute, on confisque ses biens, on pille sa maison, souvent on l'emprisonne ; tel qui vivait hier dans l'aisance n'a pas de pain aujourd'hui. Doit-on le laisser mourir de faim ?

Les missionnaires mettent à les secourir une rigoureuse prudence. Un pauvre colporteur devenu vieux ne pouvait plus aller de village en village étaler ses Bibles et sa marchandise. Son dos voûté supportait avec peine sa légère pacotille et ses livres de piété. Il supplie ses frères de lui acheter un âne aussi bon marché qu'on voudra qui puisse lui permettre de continuer son œuvre. Le conseil se réunit et rejette sa demande. L'âne ferait crier les mauvaises langues, il faut éviter même l'apparence du mal. Le pauvre homme s'est résigné sans murmure. « Je sais, disait-il, que mes frères ne me refusent qu'à contre-cœur. »

Le champ de bataille du colporteur est le café. Ces établissements ne sont pas, en Orient, le repaire des joueurs et des débauchés. La minorité des assistants joue aux dominos, aux osselets, aux échecs ;

la majorité fume le narguilhé, écoute quelques-uns de ces chants que vous savez ou quelque conte toujours accueilli avec faveur par un public désœuvré. J'ai pu voir un colporteur à l'œuvre, et sa façon d'agir m'a frappé.

D'abord, il fait le tour de l'assistance et propose à la convoitise de ses concitoyens des bagues, des bracelets, des anneaux divers et des chaînes, puis, une fois sa tournée faite, il s'assied en face de son trésor et fume sans lâcher une syllabe; quand il a lentement dégusté son café, il demande à raconter une histoire. On accepte; il commence :

Un homme avait deux fils. Il s'arrête et laisse à son auditoire le temps de se demander pourquoi cet homme avait deux fils et pas trois.

Le plus jeune dit à son père (Nouvel arrêt qui semble exciter la curiosité des assistants) : *Donne-moi la part du bien qui me doit échoir.*

Un assistant demande à l'orateur ce qu'il en voulait faire. Le colporteur semble absorbé dans ses pensées et ne répond pas.

Alors le père fait le partage, et le jeune fils va dans un pays étranger. (Notre homme soutient que c'est en Europe.) *Tout son bien passa bientôt entre les mains des femmes de mauvaise vie. Il est réduit à garder les pourceaux.*

Les assistants expriment sur leur figure le dégoût le plus profond.

Le conteur montre alors à ses auditeurs le désespoir de l'enfant prodigue, son repentir et son retour vers la maison paternelle; mais il s'arrête subitement, et tout son auditoire lui crie : « Comment le père l'a-t-il reçu? etc. » Le colporteur fume et ne répond pas; enfin, il pose, sans se presser, le tube de son narguilhé sur son tapis, soulève une toile et prend des livres parmi ses marchandises, les ouvre au chapitre XV de l'Évangile selon saint Luc, et les donne à ses auditeurs; bientôt ceux des assistants qui savent lire commencent à se balancer. Un Turc ne peut lire autrement. Quant au colporteur, il n'ajoute plus rien, il a repris son narguilhé, et son œil se contente d'aller de l'un à l'autre de ses lecteurs pour juger de l'impression produite. L'un d'eux revient à lui et lui remet une somme en échange du livre qu'il emporte; un second lecteur n'en veut pas, un troisième l'acquiert, et le vendeur va dans un autre café chercher d'autres chalands et d'autres auditeurs.

M. Van Lennep, le pieux consul de Hollande, auquel je dois sur l'évangélisation de l'Orient la plupart des détails que je viens d'écrire, m'a raconté le fait suivant :

« M. Goudell, missionnaire anglais ou américain, résidant à Constantinople, visite Thyatire; il laisse un traité religieux, soit à dessein, soit autrement, dans la maison qu'il occupe, puis il regagne sa ville et reprend paisiblement son œuvre. Dix-huit ans s'écoulent, et Thyatire ni vit plus que dans le souvenir du missionnaire. Tout à coup il apprend, je ne sais comment, que cette ancienne Église possède une congrégation qui n'est ni arménienne, ni juive, ni musulmane, ni latine, ni grecque ; elle trouve son aliment spirituel dans un livre unique possédé par elle. » C'est le traité de M. Goudell.

Tant il est vrai que Dieu peut bénir le moindre effort fait pour le salut des âmes.

Malheur à moi si je n'évangélise !

CHAPITRE XLI.

L'Archipel grec. — Syra. — L'église et le théâtre. — Messine. — Palerme. — La cathédrale et la chapelle du Palais-Royal. — Les capucins et leur nécropole. — Les terrasses de Ziza. — Les jardins de la princesse Butera.

A bord de l'*Amérique,* samedi, 16 juillet.

La mer est calme, et le navire qui nous emporte semble glisser sur les eaux tranquilles. Smyrne se rapetisse de minute en minute; elle n'est plus qu'un point dans l'espace. Mais ce point qui bientôt va disparaître, n'échappe point à l'œil de Dieu. Les îles de l'Archipel grec se suivent et se ressemblent, sauf quelques modifications sans importance.

On a tout dit sur la Grèce; les uns ont vanté sa grandeur, les autres n'ont eu des yeux que pour mieux voir sa décadence. Je n'y reviendrai pas, mais je trouve généralement les côtes peu remarquables. L'île de Syra pourtant est assez gracieuse; la position de la ville rappelle celle d'Alger; les maisons blanches ou rouges se détachent sur un beau ciel bleu et viennent projeter leur ombre sur le pont.

Les rues sont larges et bien pavées; des boutiques nombreuses, ornées d'inscriptions grecques, viennent se grouper autour d'une belle place. De longues tables entourées de divans reçoivent des buveurs, de grands arbres les abritent, et les promeneurs nombreux qui circulent à travers ces cafés en plein air, leur donnent une très-grande animation.

L'église et le théâtre sont côte à côte, et les citoyens peuvent passer sans transition du sermon du soir à la comédie. Tous les ordres d'architecture se confondent dans ces deux édifices, où le marbre est prodigué. Syra est la patrie d'Eumée, le fidèle serviteur d'Ulysse, du philosophe Phérécyde, le maître de Pythagore; s'ils pouvaient revenir aux lieux qui les ont vus naître, ils seraient bien dépaysés.

Nous voguons dans le plus grand calme, et nos journées se passent à lire, à écrire, à causer et à discuter.

Lundi, 18 juillet.

Depuis minuit nous sommes arrêtés à Messine. Nous y sommes arrivés sur *une mer d'huile*, comme disent nos marins. Nous avons contemplé sur une place de la ville la statue de don Juan d'Autriche, elle est en bronze, grossièrement coulé, les membres n'ont pas de proportion; c'est un homme quelconque. La cathédrale est vaste, c'est son premier mérite : le second consiste dans les mosaïques de l'autel et les sculptures de l'entrée. Tout le reste est médiocre. Quelques commerçants discutent leurs intérêts matériels, deux lazaroni sont étendus au pied d'une colonne. M. de P... réveille l'un d'eux: « Pourquoi viens-tu dormir ici? — *Il fait trop chaud dehors,* » reprend le vagabond d'un air indolent, puis il s'étale et se rendort. Des prêtres et des enfants de chœur sont occupés dans un coin à tout autre chose qu'à s'édifier. Des jeunes gens rient aux éclats à côté d'une femme très-recueillie. Des prélats en marbre, immobiles dans leur niche, semblent contempler cette scène et regarder les assistants d'un air sévère et contristé. Nous laissons derrière nous ces reliques du passé qui devraient, ne fût-ce que par un reste de convenance, inspirer plus de respect aux gens qui sont réputés se confier en elles.

Mardi, 19 juillet.

Palerme est une des plus jolies villes que je connaisse. Maisons gracieuses, rues larges et bien pavées, jardins splendides, grands magasins, population des plus actives.

La cathédrale est vaste et son portail décoré de bas-reliefs, la voûte est soutenue par une double rangée de colonnes. Les bénitiers en marbre, richement sculptés, reproduisent des scènes bibliques : la résurrection du fils de la veuve de Naïn entre autres; le corps du jeune homme est traîné à bras sur un char à roulettes, c'est le service des pompes funèbres à l'enfance; l'enterrement de la Vierge, etc. En face du grand autel, le portrait de Victor-Emmanuel semble étonné de se trouver là. Les colonnes sont reliées l'une à l'autre par des bandes de gaze aux couleurs italiennes.

Dans une chapelle ardente reposent les restes mortels de la patronne de Palerme, sainte Rosalie, du sang de Charlemagne. Elle vivait au douzième siècle. Retirée dans une grotte du mont Pélégrino, elle y mourut en 1160 dans les rigueurs de la vie la plus austère. Palerme célèbre au mois de juillet sa fête avec grande pompe. J'ai vu près de l'église les traces des boulets, lancés vainement au passage triomphal de Garibaldi par le parti qui ne veut pas de l'unité italienne.

Le Palais-Royal ne ressemble nullement à celui de Paris. C'est une maison vaste plutôt que belle, haut élevée plutôt que gracieuse, et qui ne mériterait pas une simple visite si la chapelle n'était pas une merveille.

Elle est petite, mais ornée de mosaïques byzantines du plus bel effet. Le moindre de ses escaliers possède une ornementation qui ne ressemble ni à celle qui la précède ni à celle qui la suit. La chaire est en bois sculpté, les colonnes le sont aussi. Il faudrait une semaine au moins pour passer en revue tous ces détails. La chapelle n'a point de tableaux sur toile, tous les sujets traités sont en mosaïque, les vitraux peints donnent à l'intérieur un air sombre qui lui sied très-bien; si vous la placiez dans un jour trop éclatant, vous auriez des chatoiements insupportables.

Nous la quittons après une longue séance pour visiter le couvent des capucins et leur nécropole. Le monastère est dans une impasse, son extérieur est misérable. Le portier nous fait attendre dans un vestibule décoré de portraits d'abbés, vieilles peintures usées et sans mérite, flanquées de tableaux qui ne valent pas mieux. Je n'en citerai que deux pour donner une idée des autres. L'un représente la mort de l'impénitent, l'autre la fin du juste.

L'impie vient de mourir, tout son corps est littéralement rongé par la vermine et la corruption. Le pinceau du peintre semble avoir été trempé dans les ordures du réalisme le plus dégoûtant. Aux pieds du maudit se tient un démon avec une tête d'animal inconnu, grandes cornes, longues griffes, dents qui sortent de la bouche, le reste à l'avenant. Aux pieds du cadavre, un portrait de femme a pris des proportions effrayantes. Un ange, la figure attristée, semble honteux de se trouver au centre de toutes ces horreurs que je m'empresse de quitter pour passer à la mort du juste. C'est le même homme, sans souillure sur le visage, sans corruption sur le corps; ses habits sont déchirés, je ne sais pourquoi, ses deux bras sont croisés sur sa poitrine, ses mains jointes tiennent un crucifix dont sa bouche baise l'extrémité. Un ange, l'épée nu à la main, semble l'inviter à le suivre au ciel, où les chérubins, Jésus-Christ et le Père Éternel l'attendent. Toutes ces figures grimacent sur ces deux toiles sans pudeur, tous les corps sont difformes. Au bas du tableau, deux versets de psaumes semblent indiquer l'endroit où le peintre a pris son sujet. Il eût mieux fait de les écrire en toutes lettres, ils eussent peut-être fait oublier la façon dont ils ont été traités.

Mais voici le Père qui revient. Descendons au *campo santo*.

C'est une salle circulaire. On y arrive par des marches très-larges et mal éclairées. Des squelettes de moines ayant tous appartenu au couvent sont accrochés aux murailles dans mille postures variées. Tous sont revêtus de leur insigne monacal. Ceux-ci ricanent, ceux-là grincent des dents, les uns désignent le ciel de leur bras décharné, les autres dirigent vers la terre leurs doigts osseux. Quelques-uns prêchent, d'autres haussent les épaules d'un air de pitié sceptique. Celui-ci, la tête courbée vers la terre, la main sur la poitrine, figure le péager de la parabole. Celui-là lève vers Dieu ses orbites vides d'un air suppliant. De vieilles femmes dans leur sépulcre de verre nous montrent des os secs couverts de beaux habits, quelques-unes ont sur la tête une couronne de comtesse, de duchesse ou de baronne, d'autres ont un cilice pour tout vêtement. Des enfants, la figure bouffie, des jeunes gens dépouillés par la mort de leur force et de leur éclat, des nobles et des vilains confondus et mêlés à des cercueils sans nombre, exhalent une odeur terreuse qui marque la vraie place qu'ils devraient occuper.

Rien n'est plus triste à voir que ces squelettes ornés de dentelles, affublés de beaux habits, rien n'est moins digne que ces mains décharnées, couvertes de gants blancs; rien ne prête moins au recueillement que ces postures de moine, dont la plupart sont comiques au plus haut degré. Ceux qui semblent se désespérer font pitié, ceux qui ricanent paraissent atroces. Notre guide nous désigne la porte d'un caveau où les morts séjournent, où ils se pétrifient à loisir; on les retire alors, on les habille et on les expose. Quelques-uns d'entre eux sont là depuis des siècles. Notre cicérone frappe de sa clef de fer la tête d'un abbé qui vivait en 1560. Ce crâne rend un bruit sec comme une pierre creuse, notre guide nous montre la langue subsistant encore entre les dents le.... mais en voilà assez sur un sujet qui m'a déplu.

Je n'aime pas cet appel aux nerfs, je le crois antibiblique. Quand on prend la peine de ravir à la poudre ce qui lui revient de droit, il faut avoir au moins une apparence de raison. M. de F... a beau me dire: *C'est une matière à bagchich*, l'argument me paraît futile. La mort est chose trop grave pour qu'elle soit traitée légèrement et sans respect par ceux qui vivent. Je l'ai dit au religieux qui nous escortait, il m'a répondu d'un air indifférent : *C'est notre unique ressource !*

Je me trouve au grand air avec plaisir, et je gravis avec mes compagnons les escaliers qui mènent aux terrasses de Ziza. C'est une vieille demeure espagnole ayant conservé quelques restes de son ancienne splendeur, nous jouissons ici d'un coup d'œil incomparable. Les montagnes boisées, les jardins avec leur verdure et leurs fleurs, le port avec ses bateaux de toute dimension, la ville avec ses habitants qui vont et viennent; tout cela se détache sur un ciel transparent qui n'est pas la moindre merveille. Les jardins de la princesse Butera ne font pas décroître notre admiration; son palais ressemble à tous les palais, mais rien ne peut rendre la bonne tenue, l'admirable proportion gardée dans toute cette collection des plantes les plus rares et les plus disparates, depuis l'imperceptible myosotis jusqu'au gigantesque bambou; les grottes succèdent aux bosquets, les grandes allées bordées d'arbres, dont la cime se recourbe, forment un berceau naturel où le soleil ne pénètre qu'en hiver.

Quelques heures après nous voguions sur la mer toujours calme, et Palerme disparaissait dans la brume du soir.

CHAPITRE XLII.

Les côtes de la Sardaigne. — Le détroit de Bonifacio. — La maison de Garibaldi à Caprera. — Le passage de l'Ours. — La Madeleine. — Le quart. — L'arrivée à Marseille et aux Ombrages. — Adieux au lecteur.

Mercredi, 20 juillet.

Notre navire va franchir le détroit de Bonifacio; il s'avance entre deux lignes de rochers dénudés. Rien de plus sauvage que cette partie des côtes de la Sardaigne. De grands blocs arides et déchiquetés plongent à pic dans la mer; les uns s'élèvent à fleur d'eau, les autres semblent défier les vagues de les envahir. Celles-ci prennent leur élan poussées les unes par les autres, elles arrivent furieuses et se brisent en mugissant contre leur adversaire immobile; elles retombent pulvérisées en des millions de gouttelettes, semblables à des flocons de neige et se heurtent au flanc de notre bateau, qui les refoule sous sa quille et passe majestueusement au milieu d'elles. On voudrait inventer la désolation, qu'on ne réussirait pas mieux.

L'île de Caprera n'a que des bruyères fort maigres, et la maison de Garibaldi ne suffit pas à égayer ces roches inhospitalières; il faut une âme d'anachorète pour en faire sa résidence. Pour nous qui ne faisons que traverser le détroit, le spectacle de cette morte nature a quelque grandeur; mais entendre tous les jours le même chant des flots, quelque charme qu'on y trouve, voir toujours les mêmes sommets, c'est un exil auquel ne résisterait pas l'âme la mieux trempée. Pourtant Garibaldi s'y complaît; il y revenait obstinément après chaque triomphe, il y séjourne aujourd'hui volontairement avec sa fille et quelques amis.

En face de la demeure du héros italien, dont elle est séparée par un bras de mer, se dresse une vaste maison; une fille de la Grande-Bretagne s'y est établie et prend plaisir à faire flotter le drapeau de son pays en face des couleurs italiennes.

Nous traversons un canal étroit entre la côte de Sardaigne et un petit archipel, dont les îles principales sont la Madeleine et Caprera, *c'est le passage de l'Ours*. Il doit son nom à un rocher qui ressemble, à s'y méprendre, à un ours marin. Le petit port de la Madeleine nous offre un peu de verdure pour reposer nos yeux, mais bientôt nous retombons dans des parages horriblement désolés.

Enfin, nous avons dépassé les récifs et nous voguons avec un petit balancement, qui d'abord m'a donné de l'inquiétude, mais, sur le soir, le calme est venu; les marins ont déplié les voiles, et nous glissons sans le moindre roulis ni le moindre tangage. Demain nous serons à Marseille; nous reverrons les côtes de France; nous saluerons la mère-patrie.

Je suis venu m'asseoir, dans la nuit, à côté de l'officier de quart. Le pont était désert; cinq ou six matelots, couchés pêle-mêle dans un coin, dormaient en attendant l'heure de garde. Deux d'entre eux tenaient la roue du gouvernail; leur silhouette se dressait dans l'ombre en face de leur commandant. La mer ne laissait entendre qu'un imperceptible bruissement; le râle de la machine, ce silence de la nuit, ces voiles appendues aux mâts comme de larges ailes; les cris de bâbord, tribord, poussés par l'officier, reproduits par les marins, le ciel étoilé, forment un assemblage des plus imposants. L'âme se recueille sans effort; elle entend une voix secrète qui lui crie : « Tu ne seras pas dans les ténèbres; tu jouiras de la lumière, tu t'élanceras par-dessus les mâts, tu dépasseras les étoiles, tu verras Dieu face à face. »

. . . .

Nous venons de jeter l'ancre; des centaines de barques se disputent nos personnes; enfin, nous prenons terre sur notre belle France. J'embrasserais volontiers le premier soldat que je viens de voir. Il fait bon se trouver chez soi; reprendre ses habitudes perdues; entendre cette langue de la patrie qui sonne si doux à l'oreille; je comprends maintenant la joie de l'exilé. Mais notre bonheur ne sera parfait qu'aux

Ombrages. Patience, la locomotive nous entraîne à grande vitesse; je lui prêterais des ailes, si j'en avais, pour arriver encore plus vite.

Nous voyons s'élever de la fumée sur une maison que nous connaissons bien; nos cœurs battent très-fort, et quand nous arrivons, nous ne sommes pas reconnus des amis que nous avons laissés. Le soleil a brûlé notre visage; une longue barbe couvre nos traits, mais l'œil de nos mères ne s'y trompe pas et. . . . .

Adieu, lecteur, merci de m'avoir suivi jusqu'au bout. Quelques amis, trop indulgents peut-être, m'ont pressé de t'adresser ces lignes. Je ne me suis rendu qu'à leurs instances et parce que je t'aime sans te connaître. Si tu n'as pas vu la Judée, la Samarie, la Galilée, si tu n'as jamais quitté le sol qui t'a vu naître, tu accomplis cependant tous les jours le même pèlerinage que moi. Courage, frère, Dieu qui nous a gardés de tout péril ne t'abandonnera jamais. Tu verras Jérusalem, tu la verras, non pas la Sion misérable que j'ai décrite, mais *la Jérusalem céleste, où toute larme sera essuyée de nos yeux. Soyons fidèles jusqu'à la mort.* Je n'ignore pas les imperfections de mon œuvre, mais à travers les obscurités de mon langage, j'espère que tu sentiras quelque chaleur et que tu en seras réchauffé. Adieu.

Versailles, les Ombrages, 25 juillet 1864.

FIN.

TABLE DES MATIÈRES.

CHAPITRE Ier.

Le départ. — En chemin de fer. — A bord du *Capitole*. Une halte aux îles d'Hyères. — Les passagers. — L'île d'Elbe et la Corse. — Civita-Vecchia et ses habitants 1

CHAPITRE II.

Naples. Le musée. — L'Église vaudoise et son pasteur. — La Vierge et le général Garibaldi. — Visite à Pompéi. — La ville morte et ses gardiens. — Ascension du Vésuve. — Prédication française à Capella-Vecchia 6

CHAPITRE III.

La bibliothèque. — Les conférences du professeur Albarella. — Les réunions du palais Luparano. — Les orateurs de l'Église libre. — Messine et ses habitants. — A bord du *Dupleix*. — Les journées à bord, de Messine à Alexandrie 12

CHAPITRE IV.

Alexandrie et ses habitants. — L'aiguille de Cléopâtre. — La colonne de Pompée. — Le coureur. — En chemin de fer d'Alexandrie au Caire. — Le Caire, ses monuments et ses habitants. — Le Beiram. — Héliopolis. — Souvenirs bibliques. — Le sycomore et la Vierge. 19

CHAPITRE V.

Visite aux pyramides. — Le Nil. — Les Bédouins. — Une nuit à Sakkarah. — Le Serapeum de Memphis. — La statue de Sésostris. — Retour. — Quelques types du pays. — Un enterrement égyptien. — Les bazars de la ville. — Achat d'un chibouc. — Les âniers égyptiens. — Une école arabe. — En route pour Jaffa. — A bord du *Labourdonnais*. — La caravane catholique................. 27

CHAPITRE VI.

Jaffa et ses canotiers. — Les missionnaires évangéliques. — Souvenirs bibliques. — La plaine de Saron. — Lydda. — Un accueil peu sympathique. — Ramleh et son couvent. — Course de nuit. — Opinion d'un laïque sur l'œuvre missionnaire. — Les montagnes de Judée................. 36

CHAPITRE VII.

Jérusalem et la prophétie. — Les lépreux. — L'intérieur de la ville. — Reliques du passé. — L'église du Saint-Sépulcre. — Le malade et les trois croix. — L'hospice prussien................. 43

CHAPITRE VIII.

Mont des Oliviers. — L'église anglaise. — Visite à Béthanie. — Course à Bethléem. — Le tombeau de Rachel. — L'église de la Nativité. — Les bergers et l'étoile. — Les jardins de Salomon..... 49

CHAPITRE IX.

Course à la mer Morte. — Notre escorte. — Aspect de la mer Morte. — Prophétie réalisée. — Le désert de Jean-Baptiste. — Le Jourdain. — Jéricho. —

Une nuit à Jéricho. — Danse des Bédouins. — Appréciation de notre escorte par Joseph. — Retour.   55

CHAPITRE X.

Visite à Gethsémané. — Déceptions. — Le lieu où les Juifs vont pleurer. — Prédication française au Saint-Sépulcre. — Prédication allemande. — La procession. — Le drame au Saint-Sépulcre. — Conclusion.   62

CHAPITRE XI.

La mosquée d'Omar. — Le cabinet de travail de David. — Intérieur de la mosquée. — L'aire d'Arauna. — L'annonciation à la Vierge de la naissance de.... Mahomet. — El-Aksah. — Les colonnes de l'épreuve. — Moyen infaillible de léguer aux pauvres un million.   67

CHAPITRE XII.

L'œuvre évangélique à Jérusalem. — L'évêque Gobat. — La maison Spittler. — L'Orphelinat. — Les diaconesses. — Les pasteurs. — Le couvent grec de Jérusalem et le clergé grec. — Fraudes pieuses. — Manœuvres intéressées. — Les cinquante noms du frère collecteur. — Les écoles arabes. . .   71

CHAPITRE XIII.

Les bassins de Salomon. — Le chêne d'Abraham. — Hébron. — Souvenirs bibliques. — La caverne de Macpéla. — D'Hébron à la mer Morte. — Visite au couvent de Mar-Saba. — Singulière insistance du portier. — Les religieux et les merles   80

CHAPITRE XIV.

Départ de Jérusalem. — Beth-el. — Beth-Aven. — Les pèlerins grecs. — Scilo. — Souvenirs bibliques. — El-Lebben. — Le puits de Jacob et le tombeau de Joseph. — Naplouse (ancienne Sichem). — Le culte samaritain.................. 87

CHAPITRE XV.

Sébastieh (ancienne Samarie). — Joseph et les chevaliers. — Une halte à Djennin. — Portrait de Nadir, notre cuisinier. — Une noce chez les Fellahs. — Une chasse au léopard. — Le mont Carmel 95

CHAPITRE XVI.

Du Carmel à Nazareth. — Kaïffa. — Les montagnes de Nazareth. — Nazareth. — L'église de l'Annonciation et le duc de Modène. — Les reliques. — Le Thabor. — Une halte chez les Bédouins. — Tibériade....................... 107

CHAPITRE XVII.

Les bords du lac de Tibériade. — Le mont des Béatitudes. — Les villes maudites. — Capernaüm, Chorazin, Bethsaïda. — Magdala, Safed, Kédès, Méis-el-Djebel. — Quelques lignes de Dickens. — Le pays de Nephthali. — Césarée de Philippe. — Souvenirs bibliques...................... 117

CHAPITRE XVIII.

Un temple de Bahal. — Hasbeya. — La vérité sur les massacres. — Les Maronites. — Les Grecs schismatiques et unis. — Les Druses. — Le harem et le sérail....................... 126

CHAPITRE XIX.

Racheya. — Un orage dans la montagne. — Intérieur d'une maison de chrétiens grecs. — Une veuve et sa fille. — La route de Damas à Beyrouth. — Diligence et télégraphe. — Dimas   132

CHAPITRE XX.

Les environs de Damas. — Souvenirs bibliques. — Le consulat de France. — Le quartier chrétien. — Maisons arabes et juives. — La grande mosquée. — De Damas à Balbeck. — Le temple de Jupiter. — Zachlé. — Les Jésuites et leur hospitalité. — De Zachlé à Beyrouth   138

CHAPITRE XXI.

Huit jours à Beyrouth. — La ville et ses habitants. — Les protestants à Beyrouth. — Les diaconesses et l'hôpital. — La frégate *l'Impétueuse*. — Une soirée chez le comte de P.... — La séparation. — Retour à Damas   153

CHAPITRE XXII.

Une semaine à Damas. — Un équipage à la Daumont. — Visite du pacha civil. — Promenade dans les jardins. — Attaque de la diligence. — Une Anglaise bédouine. — Récit de lady D...   162

CHAPITRE XXIII.

Départ de Damas. — Notre moukre attaqué. — Portrait de notre cuisinier. — Souvenirs de la vie des patriarches. — Kateifeh. — Nabeck. — Maison juive et ses habitants. — Kara. — Déjeuner turc.   168

CHAPITRE XXIV.

La justice en Orient. — La misère des prêtres maronites. — Le désert et ses impressions. — La pitié chez les Turcs. — Homs et ses souvenirs. — Promenade dans les jardins de la ville. — Les terreurs de Joseph en allant à Hamah. 176

CHAPITRE XXV.

Hamah et ses habitants. — La maison du vice-consul et son personnel. — Une corvée forcée. — Visite au pacha civil. — Singulière façon de se marier. — Maladie d'Andréa. — Bravoure de Joseph . . . 182

CHAPITRE XXVI.

Départ de Hamah. — Khan-Cheroum. — Les tableaux représentant la Cène. — Ma-Arra. — Les chrétiens et le raki. — Les arbres et les tombeaux en guenilles. — De Ma-Arra à Edlib. — Malades et médecins 189

CHAPITRE XXVII.

D'Edlib à Alep. — Les chiens et les oiseaux en Orient. — La ville d'Alep et ses habitants. — Le consulat de France. — Le bouton d'Alep. — Une soirée arabe. 196

CHAPITRE XXVIII.

Départ d'Alep. — Notre troupe. — Les nuits à cheval. — Arrivée à Aïntab. — Réception de l'agent consulaire. — Le jeu du Djerid. — La ville et ses habitants. — Le cimetière d'Aïntab. — Les missions évangéliques 205

CHAPITRE XXIX.

Départ d'Aïntab pour Marasch. — Une panthère dans les défilés. — Une nuit dans la plaine de Bazardjick. — Les Turcomans et Khahil-Agah. — Entrée solennelle à Marasch. — Réceptions. — Physionomies diverses des chrétiens 214

CHAPITRE XXX.

Les protestants de Marasch et l'œuvre missionnaire. La ville et ses environs. — Les bazars. — Portraits de quelques notables. — Nos journées au consulat. — Les Juifs et les Musulmans 220

CHAPITRE XXXI.

Les régions inexplorées. — Difficultés de la route. — Départ de Marasch. — La fille de Jephté. — Les Zeithumlus. — Notre entrée solennelle au Zeithun. — Aspect général des abords du pays 229

CHAPITRE XXXII.

Réception au couvent de Zeithun. — Un dîner sans pain. — La ville et ses habitants. — Les églises. — Le palladium du Zeithun. — Les cloches. — Les noyers illustres. — Les bains publics 238

CHAPITRE XXXIII.

Mœurs et coutumes du Zeithun. — Les prêtres. — Les vieillards et les princes. — La *Revue des Deux-Mondes* en Arménie. — Chant de guerre des montagnards. — Départ du couvent. — Les quatre Zeithumlus et nos zabtiés 243

CHAPITRE XXXIV.

Beautés du Taurus. — Un vieux sapin. — La plaine et les Circassiens. — Une halte à Kiradji-Oglou. — Sentiers impossibles et marche forcée. — Ténèbres et précipices. — La mort vue de près. — Arrivée à Hatchin 250

CHAPITRE XXXV.

Un repos bien gagné. — Le patriarche et les religieux. — Le pain retrouvé. — Départ de nos Zei-

thumlus. — La ville de Hatchin et ses habitants.
— Intérieur des églises. — Une école arménienne.
— M. Nazareth et la littérature française à Hatchin. — Chrétiens et Turcs. — Pourquoi les Arméniens resteront schismatiques 262

CHAPITRE XXXVI.

Départ de Hatchin. — La tribu de Kosan. — Juseph-Agah. — Les indépendants du Taurus. — Les vieilles forteresses. — Phékais. — Émigration des Kurdes. — Description d'une caravane. — La plaine de Sis. — Le patriarche et le couvent arménien. — Les reliques du monastère. 269

CHAPITRE XXXVII.

Départ de Sis. — Une nuit à cheval. — Les moustiques. — Un pauvre homme. — Une escorte sans compassion. — Les environs d'Adana. — La ville et ses habitants. — Adieux à nos zabtiés. — Quelques mots sur nos agents consulaires en Orient . . 278

CHAPITRE XXXVIII.

D'Adana à Tarse. — Des gens embarrassés. — La ville et ses habitants. — Souvenirs bibliques. — Les curiosités du pays. — De Tarse à Mersine. — La ville et ses habitants. — Adieux à la vie nomade. 285

CHAPITRE XXXIX.

A bord de l'*Amérique*. — Les passagers. — Les côtes de la Caramanie. — Une halte à l'île de Rhodes. — La rue des Chevaliers. — L'église de Saint-Jean de Jérusalem. — Arrivée à Smyrne. — La ville et ses habitants 293

CHAPITRE XL.

L'œuvre évangélique de Smyrne. — Les diaconesses. — Les missionnaires. — Le colporteur biblique au café. — Le traité de Thyatire 299

CHAPITRE XLI.

L'Archipel grec. — Syra. — L'église et le théâtre. — Messine. — Palerme. — La cathédrale et la chapelle du Palais-Royal. — Les capucins et leur nécropole. — Les terrasses de Ziza. — Les jardins de la princesse Butera 308

CHAPITRE XLII.

Les côtes de la Sardaigne. — Le détroit de Bonifacio. — La maison de Garibaldi à Caprera. — Le passage de l'Ours. — La Madeleine. — Le quart. — L'arrivée à Marseille et aux Ombrages. — Adieux au lecteur 315

FIN DE LA TABLE.

www.ingramcontent.com/pod-product-compliance
Lightning Source LLC
Chambersburg PA
CBHW060652170426
43199CB00012B/1757